KINDFULNESS

Dharmakīrti y Ratnaguna

KINDFULNESS

Atención **consciente** y **amable** para el estrés

Siglantana

www.siglantana.com

Instagram: @siglantana_editorial
YouTube: www.youtube.com/siglantanalive

1ª edición: septiembre 2020
2ª edición: marzo 2022
3ª edición: febrero 2023

Ilustración de la cubierta: Michael Stiven González

ISBN: 978-84-18556-42-5

Depósito legal: B 23328-2022

Impreso en papel ecológico certificado por FSC®.

Dedicado a tod@s mis amig@s y colegas de Breathworks (Reino Unido) y RespiraVida BreathWorks (Iberoamérica) que practican y trabajan con dedicación y compromiso para aliviar el sufrimiento.

SUMARIO

PRÓLOGO

Los seres humanos hemos devenido en una especie sin igual sobre la faz del planeta tierra. Y una de las cosas que más nos distingue de las demás especies que lo habitan, es que poseemos una consciencia muy peculiar. Es una consciencia humana, por la que deberíamos sentirnos agradecidos, orgullosos y ávidos de obtener el máximo provecho posible. Sin embargo, la realidad es que la mayoría de los seres humanos consumen su vida, envejecen e incluso entregan su último aliento, siendo parcialmente ignorantes de esa extraordinaria capacidad que durante toda su vida poseyeron, pero que dejaron escapar.

Las razones de este desperdicio son variadas, pero las más frecuentes son la carencia de tiempo (ya que la supervivencia es prioritaria) o, simplemente, la falta de información. Nadie les señaló la existencia del tesoro y nadie les enseñó a descubrirlo. Sin embargo, las cosas están cambiando.

El avispado lector que recorre estas líneas no pertenece, con toda probabilidad, ni a la categoría de los que malgastaron la oportunidad, ni a la de los que carecieron de suerte. Por alguna razón, quizás azarosa o inverosímil, pero evidentemente real, la fortuna les ha deparado la oportunidad de hojear las páginas de este libro.

Y este acto, tan sencillo, podría ser que les cambiara la vida para siempre. Porque lo que el lector o lectora tiene en sus manos es una guía para aprender a desarrollar su consciencia, ese extraordinario patrimonio del ser humano.

Ratnaguna y Dharmakīrti son los mensajeros que nos brindan esa oportunidad. Ambos poseen una dilatada experiencia en la enseñanza del mindfulness (que es la herramienta con la que, estimado lector, vas a aprender a desarrollar tu consciencia). Y esa amplia experiencia se hace patente en la singularidad de este manual. Ya en el momento en que leí las primeras páginas, me di cuenta de que tenía ante mis ojos, un texto claro, sencillo, atractivo y enormemente práctico. Un texto que invita a seguir leyendo y que transmite con meridiana claridad lo que sus autores desean comunicar.

Quizá el adjetivo de práctico sea el que mejor define la peculiaridad de este libro. Mindfulness es una habilidad, una pericia que hay que practicar. Y lo que aquí encontramos son una serie de ejercicios que han sido cuidadosamente elegidos y sabiamente enriquecidos por la experiencia docente de sus autores. Una experiencia que va a allanar el camino del practicante que se inicia, haciéndoselo, no solo directo, sino también ameno.

El mindfulness consiste esencialmente en la habilidad de prestar atención a la actividad de la propia mente, de familiarizarse con ella y de llegar a conocerla bien. A lo largo de siglos, si no milenios, la cultura humana, aunque no de forma masiva, ha ido acumulando experiencias y teorías sobre el funcionamiento y las funciones de la consciencia humana y sobre cómo optimizar sus inmensas posibilidades. Como antes decía, no ha sido esta una actividad muy abundante en la historia de nuestra especie, pero es cierto que en todas las épocas y en todas las culturas ha habido hombres y mujeres que se han sentido llamados a explorar la consciencia en profundidad y que nos han transmitido, a lo largo de los siglos, el fruto acumulado de su sabiduría.

En los últimos 40 o 50 años, hemos asistido a un florecimiento del interés por la consciencia y por el desarrollo y popularización de la práctica de mindfulness. Lo que antes era casi exclusivo de unas minorías, ahora se extiende por todos los estratos sociales y todas las profesiones. Mindfulness está de moda, con las ventajas y desventajas que este hecho conlleva.

En cualquier caso, lo que sigue siendo cierto es que el florecimiento del mindfulness responde a un avance de la consciencia en toda la humanidad, un avance necesario, no solo para orientarnos en tiempos de crisis, sino para enseñarnos el camino general a seguir, tanto a nivel individual como colectivo.

Animo al lector a que no deje de pasar esta ocasión de introducirse en la práctica meditativa y a que se deje guiar por la sabiduría que rezuma el libro que tiene en sus manos. Sin duda que no lo lamentará. Le deseo un camino interesante y fructífero. Al final del camino, si persiste en la tarea, le espera la dicha del verdadero despertar.

VICENTE SIMÓN
Médico Psiquiatra, Catedrático de Psicobiología de la Universidad de Valencia.

Valencia, España (Mayo de 2020)

PRESENTACIÓN DE LOS AUTORES

Me complace recomendar este libro que se basa en el exitoso programa "Mindfulness y compasión para el estrés MBPM", desarrollado en *BreathWorks* y *RespiraVida*. Al seguir el programa de ocho semanas, desarrollarás de manera sistemática una serie de habilidades de mindfulness y compasión siguiendo un camino claro y accesible hacia una mayor libertad.

Conozco desde hace muchos años a Ratnaguna y Dharmakīrti y no encuentro suficientes palabras para expresar mi recomendación. Ambos son meditadores con décadas de experiencia y encarnan profundamente todo de lo que hablan. Son personas amables y sabias que hacen del mundo un lugar mejor. Te invito a tomar el tiempo para leer este libro y seguir su guía. Tu corazón y tu mente te lo agradecerán.

VIDYAMALA BURCH
Autora del libro *"Tú no eres tu dolor"* de Editorial Kairós.
Co-fundadora de BreathWorks UK (RespiraVida España).

Ledbury, Inglaterra (Mayo 2020).

AGRADECIMIENTOS

Hay una frase que dice "Quien se atreve a enseñar nunca deja de aprender", nunca mejor dicho en el caso de este libro surgido de muchos años de impartir el curso basado en este libro a miles de personas y en cientos de lugares del mundo. Tanto la enseñanza como el aprendizaje suceden fundamentalmente porque hay un contexto de seres humanos que generan continuamente las condiciones idóneas para que esto suceda.

Agradecemos a todo el equipo de *BreathWorks CIC,* Reino Unido y de *RespiraVida BreathWorks* Iberoamérica, a los estudiantes y profesores que a través de su entusiasmo y curiosidad fueron una guía y apoyo en la creación de este material a lo largo de muchos años.

Gracias a Medhavin (MBPM *certified Teacher Trainer RespiraVida* México) por su colaboración en la traducción, a nuestro amigo y colega Silamani (director de formación de *RespiraVida BreathWorks)* por su inestimable ayuda en la revisión y búsqueda bibliográfica, pero también por animarnos a la publicación de este libro.

A Leandro Pizzuti (MBPM *certified Teacher Trainer RespiraVida* Brasil) por aportar los resultados de investigación surgidos de la aplicación de este programa en profesionales sanitarios.

Gracias al paciente trabajo de corrección, revisión del texto y el cuidado generoso de mi pareja, Ramón, que ha sido importante especialmente en la última fase del libro (en medio de la eclosión de la pandemia del COVID-19).

Gracias a Juan Castell por ayudarnos con algunas de las ilustraciones y a la Editorial Siglantana por confiar en nuestra propuesta y publicar este libro.

Ambos, Ratnaguna y Dharmakīrti, llevamos décadas trabajando juntos en el desarrollo de la formación de profesores de mindfulness y la impartición de este programa. Estamos muy agradecidos por habernos dado la oportunidad de enseñar, aprender y celebrar estas maravillosas herramientas de transformación, así como la oportunidad de ofrecer el mejor regalo, el regalo del Dharma.

INTRODUCCIÓN

Mindfulness o la atención consciente es una manera práctica de cambiar y mejorar tu vida. El principio que subyace es simple pero profundo: La conciencia es transformadora. Traer más conciencia a nuestra experiencia nos permite ver cómo generamos sufrimiento innecesariamente y ver eso nos da la posibilidad de dejar de hacerlo. Dicho de otro modo, nos brinda el potencial para comenzar a actuar de manera que generemos más felicidad, libertad y amabilidad en nuestras vidas.

Tú, en cierto grado, ya tienes conciencia. Mindfulness es simplemente una forma sistemática en la que puedes desarrollarla más. Este libro describe cómo hacer eso.

El mindfulness tiene una dimensión social y altruista de cuidado, de amabilidad, de compasión tanto hacia uno mismo como hacia los demás. A este aspecto le llamamos kindfulness. A partir de la mitad del libro nos centraremos más en esta cualidad inherente a la atención consciente.

Mindfulness fue desarrollado y enseñado por el Buda, un hombre que vivió en India hace más de 2.500 años, y fue enseñado como parte de una disciplina espiritual que conduce a la iluminación. Sin embargo, el mindfulness que se enseña en los contextos seculares y describe este libro es un poco diferente que lo que enseñaba el Buda y tiene un propósito más delimitado. Este otro tipo de mindfulness fue desarrollado por Jon Kabat-Zinn a finales de los años sesenta, y ahora se enseña en todo tipo de contextos y para todo tipo de propósitos. Como una manera de vivir bien con el dolor y otras enfermedades crónicas, reducir estrés, prevenir recaídas en la depresión, prevenir recaídas en el alcohol o usos de drogas para aquellos en recuperación, en el parto y la maternidad, en prisiones, escuelas, organizaciones y ambientes laborales, en desórdenes en la alimentación, para mejorar el rendimiento en el deporte y para personas víctimas de traumas, por nombrar solo algunos.

En cualquier caso, sería un error pensar que mindfulness es tan solo una técnica para gestionar problemas o mejorar en alguna actividad. Es también una manera efectiva de mejorar y enriquecer una vida ya bastante feliz, como sabemos por nuestra propia experiencia.

La felicidad y la resiliencia son habilidades. Esto es lo que enseñan estas antiguas prácticas de mindfulness y compasión, y lo que la investigación de la psicología moderna ha demostrado. Lo maravilloso es que estas habilidades, al igual que conducir o bailar, se pueden aprender, entrenar y pueden permanecer contigo durante toda la vida.

Los autores de este libro, Ratnaguna y Dharmakīrti, suman más de sesenta años practicando y aplicando meditación, mindfulness y compasión en sus vidas; estudiando y enseñando la ética y psicología budista tanto a nivel secular como dentro del contexto de la Comunidad Budista Triratna.

Este libro es fruto de más de quince años de experiencia tanto en la impartición del programa "Mindfulness y compasión para el estrés MBPM" como en la formación de profesores para que lo impartan. Como material de base se ha utilizado *The Little Workbook of Mindfulness for Stress* de Ratnaguna (Hennesey, 2016), el "Manual de tareas y prácticas para los participantes" (RespiraVida 2015b) y el "Manual de notas del profesor" (RespiraVida 2015a), ambos del programa "Mindfulness y compasión para el estrés MBPM", adaptados especialmente para su impartición en español y portugués. En el presente libro se han llevado a cabo actualizaciones de las más recientes evidencias científicas disponibles sobre los temas tratados y, especialmente, las importantes conclusiones surgidas de las investigaciones llevadas a cabo sobre la eficacia del programa en sí mismo.

CÓMO USAR ESTE LIBRO

Este libro está diseñado para que trabajes gradualmente a través de varios ejercicios (que en el entrenamiento de mindfulness se llaman prácticas), lo que te permite experimentar los beneficios de mindfulness para ti. Cada capítulo se basa en lo que habrás aprendido en los capítulos anteriores, por lo que es una buena idea comenzar desde el principio y continuar hasta el final. Es posible que desees leer el libro primero para saber por dónde va, o simplemente puedes comenzar a practicar de inmediato.

Hay muchas prácticas en este libro y es mejor no hacerlas deprisa sino pasar tiempo con cada una antes de moverte a la siguiente. Incluso cuando pasas a la siguiente práctica no dejes de hacer las previas, así con el tiempo vas generando un repertorio de prácticas, como un músico que aprende muchas piezas musicales.

Los conceptos clave, ideas y prácticas de este libro las hemos enseñado[1] durante muchos años y hemos detectado que todos aquellos que toman tiempo para practicar siempre se benefician mucho. La mayoría de las personas encuentran que algunas prácticas funcionan bien casi inmediatamente, mientras que para otros parece que no. Y digo "parece que no" porque no es fácil detectar de manera inmediata si una práctica nos está ayudando. Realmente solo podemos saberlo después de haberlo hecho por un tiempo. Así que te animamos a que pruebes todas las prácticas de este libro, incluso aquellas que no te gustan al comienzo, y puede que descubras que empiezan a gustarte más adelante.

Habiendo dicho esto, naturalmente te vas a sentir atraído hacia aquellas prácticas que son agradables para ti y está bien centrarse en ellas. Cuando nuestros estudiantes nos dicen que les gusta alguna práctica siempre les animamos a practicarla mucho, porque si les gusta hacer algo, es muy probable que continúen practicando. El placer es un gran motivador. Pero la vida, como sabes, no es siempre agradable y puede haber momentos en los que ser consciente (o *mindful*) puede sentirse como un trabajo duro. Vale la pena perseverar en esos momentos, nuestras percataciones (o *insights*) más importantes sobre nuestro comportamiento suelen surgir de aquellos periodos en los que la vida no va demasiado bien.

CONCEPTOS CLAVE Y PRÁCTICAS

Hay dos componentes principales en este libro: Conceptos y prácticas. Estos conceptos e ideas son, en un sentido, la teoría que subyace tras las prácticas, las razones para practicar mindfulness y kindfulness. Aunque estas son más que solo teorías, son descripciones de la experiencia, y al leer estas descripciones puedes empezar a acercarte a la experiencia tu mismo. Leer estos conceptos e ideas y permitir que se integren en tu vida es una parte necesaria del trabajo de este libro.

Las prácticas te van a ayudar a hacer esto, así que después de explicar cada concepto te vamos a dar algo práctico para ayudarte a vivenciarlo. A veces será algo que solo necesitarás hacerlo una sola vez y que llamamos "exploración", pero en general serán ejercicios y actividades que te recomendamos que practiques varias veces.

A modo general, hay dos tipos de prácticas. Una que requiere que salgas de tu rutina diaria y pases un tiempo enfocándote en la práctica sin tener que pensar en nada más. A esto es lo que llamamos práctica formal de meditación. Te vamos a pedir que te comprometas un tiempo cada día para ello. A cuánto tiempo vas a comprometerte depende de ti. Si tú eres nuevo en la meditación, sugerimos empezar por diez minutos, quizás dos veces al día, e ir extendiéndolo a medida que te vas familiarizando con la práctica y sientes que quieres hacer más.

Si tu práctica estuviera restringida solo a la meditación, estaríamos conscientes (*mindful*) por un periodo corto de tiempo cada día. A lo que aspiramos es a ser conscientes más o menos todo el tiempo, y al final de cada capítulo semanal, te ofrecemos algunas micro-prácticas que puedes llevar a cabo en tu vida diaria o laboral. Llamamos a estas prácticas "Mindfulness en acción"[2]. Si las pones en práctica y te mantienes practicándolas, al final de las 8 semanas serás consciente (*mindful*) por bastante tiempo.

CÓMO FUNCIONA LA PRÁCTICA

Uno de los grandes descubrimientos prácticos de la neurociencia es que el cerebro cambia con la experiencia (lo que se conoce como neuroplasticidad). Supongamos que estuvieras aprendiendo a bailar, por ejemplo. Cuando aprendes un nuevo paso de danza, se crea una nueva red neuronal que da instrucciones al cuerpo sobre cómo llevar a cabo ese paso. Por supuesto, hacer esto una sola vez no te va a hacer un buen bailarín, pero practicar el paso una y otra vez refuerza la red neuronal, cambiando tu cerebro, haciéndolo más fácil de llevar a cabo, y mejorándote a ti mismo al hacerlo. Esto pasa no solo con acciones físicas; nuestro cerebro cambia cuando pensamos, imaginamos o sentimos algo repetidamente. De modo que en la medida que realizamos las prácticas que describimos en este libro, de hecho, ya estamos cambiando nuestro cerebro, desarrollando y reforzando nuevas redes neuronales, lo que por supuesto significa cambiar tu mente y tu experiencia. Los estudios han demostrado que el mindfulness reduce el estrés, disminuye la ansiedad, incrementa la resiliencia emocional, refuerza el sistema inmunológico y nos sube el estado de ánimo, por mencionar solo algunos beneficios.

UN CURSO DE MINDFULNESS Y KINDFULNESS DE OCHO SEMANAS

Podrías, si así lo deseas, utilizar este libro como un curso de ocho semanas.

Gran parte del material didáctico y de las metodologías desarrolladas en este libro han ido emergiendo de la impartición del programa a miles de participantes y tenemos evidencias de su eficacia. Si te apetece hacer el "curso de ocho semanas", cada capítulo (a partir del capítulo 2) representa una semana del curso. Al final de cada capítulo encontrarás un resumen de las propuestas de prácticas para cada semana (meditaciones, mindfulness en acción, etc.). Por supuesto, no necesitas hacerlo en ocho semanas, puedes tomarte el tiempo que quieras, pero es una opción para ti.

En nuestra experiencia, la mejor manera de sacar el máximo provecho del libro es hacer un curso de ocho semanas "Mindfulness y compasión para estrés MBPM" en el contexto de un grupo y facilitado por un profesor certificado por *RespiraVida BreathWorks*. Al hacerlo de esta manera también puedes acceder a la formación de profesor de mindfulness y compasión de MBPM, que se ajusta a las directrices de la "BAMBA: *British Association of Mindfulness Based Approaches*" del Reino Unido y la "Red Española de programas estandarizados de mindfulness y compasión" (puedes leer más detalles en el anexo III).

AUDIOS DE LAS MEDITACIONES DE ESTE LIBRO

Puedes escuchar los audios de las meditaciones guiadas descritas en este libro cuando veas el símbolo:

Yendo al siguiente enlace: https://www.respiravida.net/Audios-libro-mindfulness-kindfulness-estres[3] o escaneando el código QR.

En el caso de que lleves a cabo el curso oficial con un profesor certificado, este te facilitará un conjunto de audios con más diversidad, tanto de duración de cada meditación como de voces.

SEMANA 1
MINDFULNESS: APRENDIENDO A ELEGIR

Hokusai dice
"Mira con detenimiento".
Él dice: "Presta atención, date cuenta".
Él dice: "Continúa mirando, ten curiosidad".
Él dice: "El mirar no tiene fin".
ROGER KEYES[4]

¿QUÉ ES MINDFULNESS?

En lugar de decirte directamente qué es mindfulness[5], vamos a hacer una práctica para que puedas experimentarlo en tu propia persona; después revisaremos esta experiencia y elaboraremos algunos principios. Para hacer esto necesitarás tomarte una taza de té o algo que quieras beber. Nos referiremos a esto como una taza de té, así que, si estás bebiendo algo diferente, simplemente adapta este texto a tu bebida en particular.

NOTA: *En la siguiente exploración, a menudo, hay una instrucción seguida de tres puntos: "...". Esto significa que cierres los ojos y dediques un poco de tiempo a explorar las instrucciones que acabas de leer. Por ejemplo, cuando dice "solo sostén la taza en tu mano y obsérvala...", no vayas directamente a la siguiente instrucción, sino que dedica un tiempo a observar. Después de unos instantes, abre los ojos y lee las siguientes instrucciones.*

Exploración 1:
Beber una taza de té

Primero, solo sostén la taza en tu mano y obsérvala... Observa la forma en que la luz y la sombra caen sobre ella... ¿Es más suave de un lado que del otro?... Observa cómo refleja la luz y los diferentes colores que le dan los reflejos. Por ejemplo, si se trata de una taza blanca, ¿tiene solo un tono de blanco, o tiene muchos tonos, muchos colores? ...

Ahora mira la superficie del té en sí. Observa los colores, los reflejos, las sombras... Observa el vapor que sale de él ...

Siéntelo en tu mano, las sensaciones en tu piel, el calor, el peso...

Ahora llévalo hacia la nariz e inhala, ¿tiene aroma? Tal vez cierra los ojos para concentrarse mejor en su olor... puede ser fuerte, o puede ser muy sutil...

Mientras haces esto, probablemente también sentirás el vapor en tu cara... Si quieres sentirlo con mayor intensidad, pon la taza debajo de tu barbilla...

Si tienes sed, fíjate en la sensación de querer beber ... Ten curiosidad por esa sensación ... ¿Cómo notas la sed? ¿Cómo se siente el impulso de hacer algo?...

Tal vez haya algo de impaciencia también, ¿cómo se siente?...

Ahora, lleva la taza a la boca ... siente el borde de la taza en tus labios ... ¿cómo se siente? ...

Toma un sorbo y deja el líquido en la boca por unos segundos... ¿cómo se siente el líquido? ¿y el sabor? ...

Y si aún no lo ha hecho, trágalo. Siente cómo la bebida se desliza por la garganta... la sensación de satisfacción al hacerlo ...

Si has seguido más o menos las instrucciones, entonces habrás estado practicando la atención plena. Revisemos entonces lo que hiciste. Primero, prestaste atención. Prestaste atención a cómo se veía la taza, cómo se sentía en tu mano, su temperatura. También prestaste atención al té en sí, a su aspecto, su aroma y su sabor.

Entonces, usaste más de un sentido. Miraste, sentiste, oliste y probaste. Si hubiera tenido un sonido, también te habríamos pedido que lo escucharas (¡una taza de té no tiene sonido a menos que la sueltes o sorbas el liquido!). La atención plena consiste en ser consciente con todos nuestros sentidos. La palabra atención plena puede malinterpretarse fácilmente porque tendemos a asociar la mente con el pensamiento, por lo que podemos suponer que la atención plena significa pensar. También podemos ser conscientes de nuestros pensamientos, pero la atención plena no significa necesariamente pensar. Mindfulness consiste en ser conscientes de nuestra experiencia, cualquiera que esta sea.

La experiencia siempre ocurre en el momento presente. Podemos por supuesto recordar las experiencias, y podemos anticiparlas, pero la experiencia real solo sucede en el presente. No es que ser consciente te impida usar la memoria o planear para el futuro. Por supuesto, puede ser útil hacer ambas cosas, pero nuestra mente tiende a irse hacia el pasado o el futuro sin que realmente seamos conscientes de que esto ha sucedido. Esto significa que perdemos gran parte de nuestra vida estando distraídos, sin realmente estar presentes, sin experimentar plenamente nuestra propia vida conforme sucede. Probablemente sería impactante si pudiéramos sumar todas las veces en que nos hemos distraído de lo que realmente sucedía a nuestro alrededor o dentro de nosotros. ¿Cuánto de nuestra vida nos hemos perdido? ¿Cuántos años pasa un adulto promedio sin estar realmente presente?

¿Tu mente se distrajo en algún momento de la exploración? Si así fue, probablemente hubo un momento en el que lo notaste, cuando "te diste cuenta" –"Ah, sí, se supone que debo estar haciendo este ejercicio"– y tal vez hayas vuelto a la atención hacia la taza de té. Cualquiera que practique mindfulness hace esto muchas veces. Puede ser que haya pocas personas que logren mantenerse atentas todo el tiempo, pero para la mayoría de nosotros la atención plena consiste principalmente en "regresar" al momento presente.

DEFINICIONES DE MINDFULNESS

Ahora, basándonos en esta experiencia, podemos abordar una definición de atención plena. Aquí hay una de un maestro de meditación llamado Bodhipaksha:

> *"La atención plena es el suave esfuerzo de estar continuamente presente con la experiencia"*
> *(Bodhipaksa, 2018)*

Cuesta un poco de esfuerzo estar atento y volver a nuestra experiencia una y otra vez, pero es un esfuerzo suave, tal como el esfuerzo que se requiere para que un niño pequeño vuelva a la mesa. Por supuesto, podemos impacientarnos con el niño y traerlo de vuelta con dureza, tal vez gritarle, pero esta no es la mejor ni la manera más amable de hacerlo. Del mismo modo, podemos frustrarnos con nuestra mente , pero en la práctica de mindfulness regresamos suavemente, con paciencia. . Ten en cuenta que no es un esfuerzo para controlar nuestra experiencia, o para tener algún tipo de experiencia en particular, es simplemente el esfuerzo de prestar atención a nuestra experiencia, sea cual sea esta.

Sin embargo, esta definición no lo engloba todo. Si ya sabes algo sobre mindfulness, es probable que hayas encontrado esta conocida definición de Jon Kabat-Zinn:

Mindfulness consiste en prestar atención de una manera particular; intencional, en el momento presente y sin juzgar (Kabat-Zinn, 2003).

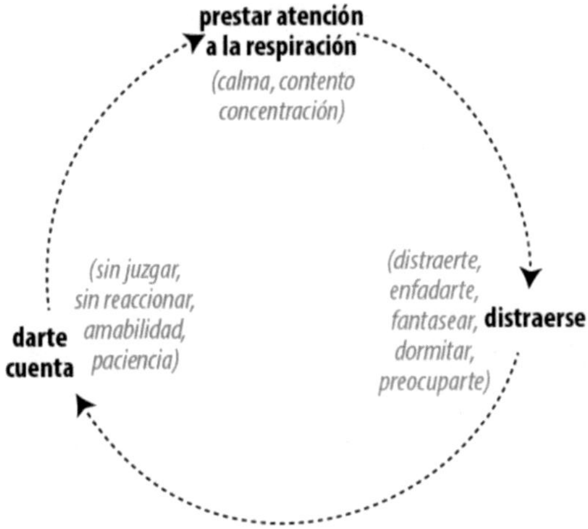

"Sin juzgar" se refiere a la tendencia automática que la mayoría de nosotros tenemos a juzgar constantemente las experiencias, situaciones, a otras personas o a nosotros mismos, como bueno o malo, valioso o sin valor. No es que nunca tengamos que emitir juicios, por supuesto que tenemos que hacerlo, pero prestar atención sin juzgar significa que podemos dejar de lado esta tendencia automática de juzgar las cosas de una manera muy en blanco y negro: "Esto es bueno, esto es malo; me gusta, no me gusta". Dejar de lado esta mentalidad que evalúa nos permite acercarnos más y ver las cosas tal como son: Ni negro ni blanco, por lo general, sino de distintos tonos de color. En la práctica de mindfulness utilizamos la palabra discernir para detectar las diferentes sensaciones en la experiencia, como lo hiciste ya al prestar atención a la taza de té, y reservamos la palabra juzgar para la tendencia a dividir la experiencia en dos categorías separadas y luego aceptar una y rechazar la otra. A medida que comiences a practicar mindfulness, probablemente notarás la tendencia a ser crítico y tendrás que tener cuidado de no juzgar esto. En su lugar, simplemente, con curiosidad y humor, observa lo que hace la mente: "Qué interesante, estoy juzgando de nuevo". Al notar esta tendencia, descubrirás que, con el tiempo, suavemente se desvanece.

Otra meditación que pondremos en práctica más adelante es la *mettabhavana,* el cultivo de la amabilidad o bondad incondicional, que nos ayudará a desarrollar cualidades como la conciencia amable o kindfulness. Al devolver nuestra atención otra vez a la respiración (o cualquiera sea el objeto de tu atención) esta conciencia amable, nos ayudará con toda la amabilidad y ternura posible a aprender a soltar estados mentales y emocionales torpes y desarrollar una conciencia más hábil, receptiva, creativa y amable.

EL PILOTO AUTOMÁTICO

Probablemente, la mayoría de las veces no le prestas tanta atención a beber una taza de té como lo hiciste ahora. Por lo general, bebemos mientras trabajamos, hablamos, estamos pensando en otra cosa, miramos la televisión, leemos el periódico, no nos damos cuenta de que estamos tomando algo. Probablemente, has tenido la experiencia de haber bebido una taza de té sin recordar haberla bebido, "¿Qué pasó con ese té?", o de toparte con una taza de té fría que preparaste hace dos horas. Cuántas grandes experiencias de sabor habrás perdido por no estar prestando atención. Esto es probablemente cierto para muchas de las cosas rutinarias que hacemos; cosas que no requieren toda nuestra atención como comer, caminar, conducir o lavar, todo esto solemos hacerlo en piloto automático.

A primera vista, tal vez el piloto automático parezca algo bueno. Si podemos realizar las tareas simples de manera automática, liberando así nuestra mente para poder hacer otras cosas, ¿no significa esto que podemos ser más eficientes?

De alguna manera sí, pero esto también tiene sus inconvenientes. Cuando vamos con prisas en piloto automático, reaccionamos de manera habitual a las cosas que nos suceden, es como tener todo el tiempo presionados nuestros botones. Por ejemplo, si somos propensos a la ansiedad, lo más probable es que cuando estemos en piloto automático, nuestra mente tenga pensamientos de ansiedad y no nos demos cuenta. Estaremos "perdidos" en esos pensamientos. Esto significa que una vez que volvamos a la atención, nos daremos cuenta de que nos sentimos realmente ansiosos y no sabremos por qué, no sabremos cómo es que llegamos allí.

Ahora que has tenido una pequeña experiencia de atención plena o mindfulness, y que tienes algún conocimiento de ella, intentemos otra exploración. En esta trataremos de ser conscientes de las sensaciones físicas en una parte particular del cuerpo.

Exploración 2:
Ser consciente de una parte de tu cuerpo

Escoge una parte de tu cuerpo para enfocar tu atención, pueden ser las plantas de tus pies, tus manos, tu cara, o lo que sea. Si te parece bien puedes cerrar los ojos para hacer esta exploración; puede que esto te ayude a enfocar tu mente y no distraerte con cosas que puedes ver a tu alrededor.

Presta atención a cualquier parte de tu cuerpo que hayas escogido ... siente cualquier sensación que pueda estar presente allí ... no estamos pensando acerca de esa parte del cuerpo, o visualizándola, sino notándola y sintiendo cualquier sensación presente allí ...

¿Quizás no hay ninguna sensación? ... vale, simplemente nota eso, pero estate abierto a la posibilidad de que una o más sensaciones puedan surgir mientras prestas atención...

Si te das cuenta que tu mente divaga, simplemente tráela de vuelta cuando lo notas, pero amablemente, pacientemente ...

Haz esto por unos cinco minutos más o menos.

Entonces, ¿qué pasó?, ¿fuiste capaz de sentir alguna sensación? ¿si no pudiste sentir nada, como te sentiste al respecto? ¿divagó tu mente? ¿o quizás te aburriste? Una experiencia habitual en personas nuevas en mindfulness es una sensación de que no lo están haciendo correctamente. Si sus mentes divagan o no sienten ninguna sensación en el cuerpo, o no se sienten calmos, piensan que están haciéndolo mal. Este es un aspecto de la mente que juzga que mencioné antes: bien o mal, éxito o fracaso. Pero uno de los aspectos liberadores de mindfulness es que no puedes realmente hacerlo mal. Si estás siendo *mindful* o consciente entonces estás haciéndolo bien. Es por esto que no estamos tratando de tener una experiencia particular, solo estamos notando lo que sucede en nuestra experiencia. Si tu mente divaga y lo notas, si estás agitado y lo notas, si no sientes ninguna sensación en tu cuerpo y lo notas, entonces estás siendo *mindful* o conscientemente atento.

Pues ahora, si tienes tiempo, ¿qué te parece si lo haces nuevamente? Sé consciente de otra parte de tu cuerpo y en esta ocasión, sabrás que estás haciéndolo perfectamente.

TU EXPERIENCIA:

Escribe lo que has notado al hacer esta exploración. ¿Qué sensaciones físicas estaban presentes? ¿Vino algún pensamiento a tu mente, notaste algún sentimiento, tuviste algún juicio acerca de tu práctica, o de ti mismo haciendo la práctica?

Sensaciones físicas:

Pensamientos:

Sentimientos:

Juicios:

APRENDER A ELEGIR / EXPERIENCIA PRIMARIA Y SECUNDARIA

REACCIONAR Y RESPONDER

Una de las razones por las que vale la pena practicar mindfulness es porque nos abre la posibilidad de más opciones. No es que necesariamente haya más opciones en lo que nos sucede a nosotros, sino en cómo respondemos a lo que sucede.

Por ejemplo, es posible que te sientas irritado cada vez que te encuentres atrapado en el tráfico o que el tren llegue retrasado. Por supuesto que irritarse con tales cosas no ayuda, es un estado desagradable y no importa cuán irritados e impacientes estemos, esto no despejará el tráfico ni hará que el tren llegue más rápido. Nuestra irritación podría convertirse en ira, que a su vez podría afectar nuestra comunicación, lo cual podría tener un efecto negativo en nuestras relaciones con los demás.

Cuando reaccionamos habitualmente a ciertas situaciones, sentimos que esa es la única reacción posible que podemos tener. Para alguien que siempre se irrita cuando está atrapado en el tráfico o esperando un tren retrasado, la irritación puede parecer lo más natural y razonable de sentir. ¡Atascos y trenes retrasados = irritación! Por supuesto que esto no es cierto, porque la persona irritada podría mirar alrededor a los otros conductores o pasajeros, y algunos de ellos podrían estar charlando sin preocupaciones, cantando una canción de la radio, o riendo con una broma. Hay otras formas posibles de responder, esto significa que no tenemos por qué reaccionar de la manera en que lo hacemos habitualmente.

"Una reacción generalmente no es consciente sino automática y habitual, mientras que una respuesta es consciente, elegida y creativa".

Cuando nos damos cuenta de que nuestra irritación no es causada por el tráfico o el tren retrasado, sino que es nuestra reacción personal, entonces la elección es posible: ¿Puedo permitirme irritarme como lo hago habitualmente o puedo responder de otra manera? Es posible que hayas notado que estamos usando las palabras reaccionar y responder de una manera muy particular: una reacción generalmente no es consciente sino automática y habitual, mientras que una respuesta es consciente, elegida y creativa.

El primer paso para pasar de la reacción a la respuesta es darse cuenta de lo que realmente está sucediendo. Quedar atrapado en el tráfico o estar esperando el tren que se ha retrasado, para la mayoría de nosotros, la mayor parte del tiempo es una experiencia desagradable. ¿Qué hacemos? ¿Qué hace nuestra mente cuando nuestra experiencia es desagradable? Busca una salida. Por ejemplo, cuando estamos atrapados en el tráfico podríamos querer intentar encontrar una ruta alternativa. Digamos que decides hacerlo y encuentras que esta ruta también está bloqueada. ¿Qué hace ahora tu mente?

Si eres como la mayoría de nosotros, te será difícil poder aceptar la situación y hacer lo que la canción recomienda: "¡No te preocupes, sé feliz!"[6] Especialmente si vas de camino a una reunión importante o te estás muriendo por llegar a casa. Instintivamente resistimos / rechazamos las experiencias desagradables, incluso cuando no hay nada que podamos hacer para cambiarlas. Esta resistencia se expresa en pensamientos, emociones y juicios. Si estás atrapado en el tráfico, por ejemplo, podrás pensar "¿Por qué hay tanto tráfico aquí a esta hora del día?", "Esto es ridículo", "Vamos, muévete"; puedes sentirte irritado, enojado, culpable por no haber salido antes, ansioso porque perderás una cita, molesto por la posibilidad de que tus hijos ya estén dormidos cuando llegues a casa; y podrás estar haciendo juicios sobre esta situación: "Cuántos automóviles hay en las carreteras en estos días", "¿Por qué tienen que excavar otra vez la carretera?", "El ministro de transportes es un inútil".

Este tipo de reacciones tienden a intensificarse y escalarse, un pensamiento lleva a otros, lo que lleva a más emociones, a más juicios, a más pensamientos, etc. Entonces, nuestra resistencia ante la experiencia desagradable simplemente agrega otra capa de sufrimiento. Una capa adicional de sufrimiento que no necesitamos tener.

A nuestra experiencia directa le podemos llamar experiencia primaria y a todas las reacciones a esta les podemos llamar experiencia secundaria. La práctica de la atención consciente consiste en discernir entre la experiencia primaria y la experiencia secundaria, dejando de lado la secundaria y simplemente permanecer con la experiencia primaria.

Cuando estamos atrapados en un embotellamiento, nuestra experiencia primaria es simplemente el estar sentados en un automóvil detenido esperando a que podamos movernos. Esto es todo lo que está pasando. Obviamente es desagradable, y la atención plena no lo convertirá en algo bueno o en una experiencia placentera, pero al menos no tendrás que soportar la escalada de pensamientos, sentimientos y juicios encima de ella. ¡El sufrimiento secundario es opcional!

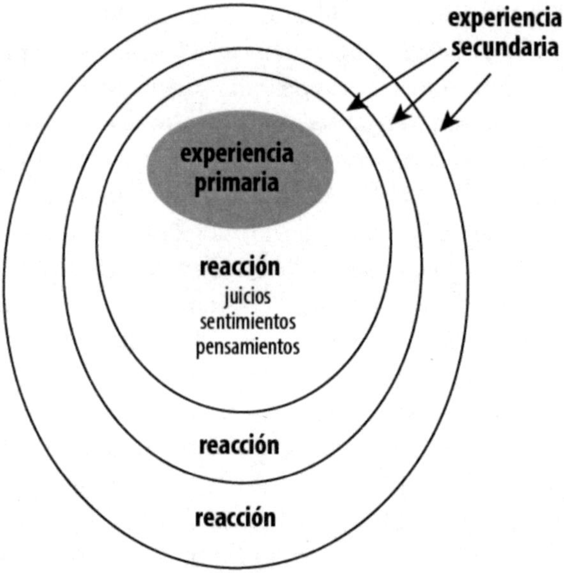

LA DIFERENCIA ENTRE SENTIMIENTOS Y EMOCIONES

Por lo general, usamos las palabras sentimientos y emociones de forma intercambiable, pero para efectos de este curso vamos a distinguir entre ellas de la siguiente manera. Las emociones son el reflejo inmediato del contacto con las experiencias, mientras que los sentimientos incluyen el procesamiento cognitivo de las percepciones, ya sean externas, internas o ambas. Los sentimientos son reacciones o respuestas a las experiencias y los eventos (nuestra actitud hacia ellos). Por ejemplo, digamos que acabas de descubrir que el tren llegará una hora tarde. Puedes experimentar decepción, consternación, frustración e incluso angustia. Al pensar que perderás algo que es importante para ti, tu sentimiento puede amplificarse e incluso generar nuevas emociones como enojo. No tenemos elección sobre la emoción inicial, pero podemos aprender a elegir cómo nos relacionamos con ella. Enojarse es una emoción reactiva, desencadenada por lo que pensamos sobre la situación inicial, mientras que aceptar la situación con gracia y humor es una respuesta.

APRENDIENDO A DISTINGUIR ENTRE LA EXPERIENCIA PRIMARIA SOBRE LA SECUNDARIA

Al principio puede ser difícil diferenciar la experiencia primaria de la secundaria, especialmente cuando estamos en una situación en la que tendemos a reaccionar, así que probémoslo ahora. Recuerda, la experiencia primaria es tu experiencia directa, cómo siente, se ve, suena, huele o sabe. La experiencia secundaria está compuesta de tus pensamientos, sentimientos y juicios acerca de tu experiencia primaria. Primero, anota los aspectos de tu experiencia primaria en este momento en la columna de la izquierda. Luego anota los aspectos de tu experiencia secundaria en la columna de la derecha.

EXPERIENCIA PRIMARIA	EXPERIENCIA SECUNDARIA

"Es posible que haya cosas que no podemos cambiar - algunas condiciones exteriores de nuestra vida por ejemplo - pero al menos podemos darnos cuenta de cómo reaccionamos o respondemos a todo lo que nos ocurre, y desarrollar estrategias para cambiar la relación que tenemos con nuestras circunstancias. Mediante mindfulness, podemos aprender a transformar cualquier momento en que podríamos sentirnos una víctima de las circunstancias en un momento de honestidad, iniciativa y confianza."
(Burch, 2014)

CONTACTANDO CON NUESTRA EXPERIENCIA EN EL CUERPO

El cuerpo humano en paz consigo mismo
Es más precioso que la joya más difícil de encontrar.
Cuida tu cuerpo con amor; solo lo tienes esta única vez.
La forma humana se consigue con dificultad;
Es fácil perderla.
Todas las cosas mundanas son tan fugaces
Como los relámpagos del cielo.
Esta vida la debes reconocer
Como una ínfima gota de lluvia que cae al suelo;
Algo precioso que desaparece en el mismo momento en que surge.
Por eso, establece tu objetivo;
Aprovecha cada día y cada noche para lograrlo.
TSONG KAPA[7]

La meditación, al menos la que vas a aprender en este libro, es de la misma naturaleza que la exploración que hemos hecho esta primera semana. Cuando meditamos simplemente prestamos atención a nuestra experiencia, tal y como es. Nos acercamos a ella, nos hacemos íntimos o familiarizamos con ella. No tratamos de cambiarla, no tratamos de alcanzar ninguna meta en particular, no tratamos de tener ninguna experiencia específica. Solo prestamos atención a la experiencia tal y como es, en el momento presente, sin juzgar. "La conciencia en si misma es transformadora". (Sangharákshita, 1997). Cuando prestamos atención a nuestra experiencia esta tiende a cambiar: Si estamos agitados, por ejemplo, cuando prestamos atención a la agitación, y si no juzgamos, esta tiende a calmarse naturalmente. Hablaremos más acerca de este proceso en el capítulo: semana 3.

La meditación nos ayuda a estar con nuestra experiencia primaria, y nos ayuda a soltar la experiencia secundaria. Mucho de la experiencia primaria es sentida en el cuerpo, así que empezamos meditando en las sensaciones del cuerpo.

El cuerpo es el ancla de nuestra conciencia. Cada vez que volvemos al cuerpo estamos basando nuestra experiencia en algo directo e inmediato en vez de estar en algún otro lugar. Sintonizar con nuestro físico, el tacto de la tela que nos cubre, una brisa de aire fresco en la cara, nuestros pies pisando la acera, son maneras simples de salir de una mente intoxicada. La mente intoxicada es una mente que va muy deprisa, estresada y activamente compulsiva. En la mente intoxicada, los pensamientos hacen brotar más pensamientos, proliferan como cacofonía de una música disco reciclada, diálogos internos negativos y puntos de vista repetitivos. Regresar al cuerpo es el primer antídoto para esto.

Los cuatro niveles del mindfulness que nos legó Buda, surgen de un texto antiguo budista que se llama *Sutta Satipatthana.* Este Sutta o "discurso" de enseñanza, es una guía sistemática y progresiva para desarrollar la atención consciente o mindfulness. Nos enseña cómo cultivar la atención consciente, así como "de qué" tenemos que ser conscientes y cómo la atención consciente puede llevarnos a una percatación sobre la naturaleza de la realidad. El primer aspecto de la atención consciente que nos lega Buda es la atención al cuerpo y a sus movimientos (Sangharákshita, 2020).

LA MEDITACIÓN DEL ESCANEO DEL CUERPO O BODY SCAN

Esta es una versión extendida de la exploración que hicimos antes cuando eras consciente de las sensaciones en una parte particular de tu cuerpo. Vas a necesitar unos quince minutos para hacer esto, así que intenta asegurarte que no te van a interrumpir. Usualmente se hace recostado, pero puede hacerse sentado. Cuando te acuestes hazlo sobre algo que sea bastante firme, o sobre una esterilla de yoga. Pon un cojín o almohada debajo de tu cabeza, de modo que tu cuello no esté tenso o apretado. Si tienes problemas lumbares, puede que encuentres cómodo poner un par de cojines debajo de tus rodillas, o pon tus rodillas elevadas, con las plantas de los pies sobre el suelo; de lo contrario puedes dejar tus piernas estiradas sobre la esterilla. Tus manos pueden estar apoyadas a los lados de tu cuerpo, con las palmas hacia arriba, o puedes descansar tus manos sobre el abdomen, con las palmas hacia abajo.

Probablemente la temperatura de tu cuerpo va a descender durante la práctica, así que asegúrate de tener suficiente abrigo. Quizás puedes cubrirte con un manta o tenerla a mano en el caso que la necesites.

RELAJACIÓN

No llamamos al escaneo del cuerpo ejercicio de relajación, porque esta expresión puede llevar a la gente a pensar que tienen que "hacer" algo para relajarse. De hecho, es lo contrario: la relajación es nuestro estado natural cuando dejamos de crear tensión. La relajación es un estado de ser, no de hacer. Este estado natural de mayor comodidad y relajación es muy posible que te surja durante el "escaneo del cuerpo", pero no es el único o principal propósito de la práctica. Estamos simplemente aprendiendo a ser más conscientes e ir conociendo nuestra experiencia, tal y como es, sin reaccionar ni juzgar, en el momento presente.

Meditación 1a:
Escaneo del cuerpo (versión breve)

En los audios que acompañan este libro encontrarás además una versión un poco más larga (1b) de esta misma meditación.

Primero, tomamos conciencia de la totalidad del cuerpo, desde la cabeza a los dedos de los pies ... Siente su peso sobre la esterilla o el suelo debajo de ti ... Ten un sentido de todo el cuerpo: su peso, su temperatura, cómo se siente ...

Ahora, toma conciencia de la respiración ... siéntela entrando y saliendo de tu cuerpo ... Siente el pecho y el estómago subiendo y bajando a la vez que el aire entra y sale ... Tal vez notes otras partes de tu cuerpo moviéndose sutilmente con la respiración: la espalda, los hombros, incluso los brazos o las piernas ...

A continuación, lleva tu atención a cada parte de tu cuerpo, permitiendo que tu conciencia descanse en cada parte por un momento. Puedes empezar por la cabeza y avanzar lentamente a lo largo del cuerpo hasta los pies o viceversa. En el momento que tomas conciencia de cada área, mira si puedes aceptar cualquier sensación presente. Algunas partes pueden sentirse relajadas, cálidas y cómodas, mientras que otras se pueden sentir tensas, incómodas o incluso dolorosas. Otras partes pueden sentirse entumecidas. La práctica es simplemente notar cualquier sensación que haya, tal como sea ...

Si las sensaciones son agradables o placenteras, mira si puedes notarlas sin aferrarte a ellas. Si son desagradables, en la medida que puedas, mira si puedes aceptarlas sin rechazarlas, respirando en ellas, suavizando la zona alrededor de ellas...

Una vez que hayas escaneado todo tu cuerpo de esta manera, amplia tu conciencia para incluir todo el cuerpo otra vez ...

Continúa sentado o recostado por unos momentos, sin hacer nada, y luego atentamente, amablemente, levántate e intenta llevar esta conciencia al resto de tus actividades a lo largo del día.

¿Qué tal, cómo fue? ¡Muchas oportunidades de ver tu mente divagando y traerla amablemente de vuelta! Si tienes molestias o dolor en alguna parte, hacer el escaneo del cuerpo probablemente te haga más consciente de ello, y a lo mejor te preguntes sobre si vale la pena hacer algo así. ¿Por qué prestar atención al dolor o la molestia? Vamos a pedirte que te reserves esta pregunta por ahora. Realmente vale la pena hacerlo, y si estas dispuesto a perseverar, vas a empezar a notarlo y comprenderlo tú mismo.

TU EXPERIENCIA:

Escribe lo que has notado al hacer el escaneo del cuerpo:

Sensaciones físicas:

Pensamientos:

Sentimientos:

"Y le dije a mi cuerpo, suavemente: Quiero ser tu amiga.
El tomó una respiración profunda y respondió:
He estado esperando para esto toda mi vida"
Nayyirah Waheed

CAMINATA CON ATENCIÓN CONSCIENTE

Sería poco realista pedir que estés consciente de tu cuerpo todo el tiempo. En vez de eso, sería mejor pensar en cultivar como islas de atención consciente. Estas islas gradualmente irán afectando toda tu experiencia. Por ello, de ahora en adelante te vamos a pedir que hagas unas prácticas especiales de mindfulness, prácticas en las que te iré guiando semana a semana. Vamos a comenzar cultivando una conciencia corporal en una "caminata con atención plena". Vamos a pedirte que hagas esta caminata todos los días de esta semana y luego continuaremos durante las siguientes semanas hasta el final del curso. A medida que pasan las semanas, vamos a sugerir diferentes acercamientos a esta caminata, acercamientos en los que exploraremos temas particulares de la Atención Consciente que revisaremos en cada semana.

Es probable que puedas recordar el practicar tu "caminata con atención plena" (Maitreyabandhu, 2016) todos los días si lo planificas bien y te preparas para posibles dificultades que puedan presentarse. Veamos cómo prepararnos:

Piensa en una caminata que haces todos los días: Máximo de veinte minutos y mínimo de cinco. Lo mejor pueden ser tus primeros diez minutos de caminata hacia la estación de tren o del metro a la escuela.

Describe tu ruta. Usa tu libreta para escribir de manera detallada tu ruta: Pasaré frente al supermercado y luego doblaré a la derecha, etc. Incluso puedes hacer un pequeño boceto o mapa dibujando un mapa de tu recorrido.

Realiza un mapa o descripción de tu ruta para hacer la caminata con atención consciente:

Escribe acerca de posibles problemas/dificultades que pueden surgir: Posibles obstáculos que puedan surgir cuando caminas aplicando la atención consciente. Por ejemplo, puede que te encuentres con alguien que también va caminando o que haces ese recorrido en bicicleta, etc.

Trata de pensar de manera creativa cómo resolver estas posibles dificultades / obstáculos: Conducir tu bicicleta con atención consciente los 10 primeros minutos, aparcar más lejos de donde trabajas y caminar hasta tu trabajo, etc.

Revisa cómo te ha ido: Tal vez al final del día, o en cualquier momento de que dispongas, escribe cómo te ha ido, qué has notado.

Caminar con atención consciente no es caminar de manera deliberada o artificial. Tampoco significa que tienes que caminar lento. Caminas naturalmente pero la única diferencia es que en esta caminata decidimos prestar atención adrede, y aquí hay algunas ideas de cómo hacerlo:

- Trae tu conciencia a tu cuerpo y sus movimientos mientras caminas: cada vez que te disperses simplemente trae la mente de vuelta a tu cuerpo de manera natural y relajada.
- Presta atención a las plantas de tus pies: Esto es especialmente útil si estás ansioso o ajetreado. Nota el peso de tu cuerpo cayendo a través de tus pies, toma conciencia de cómo te sostiene el suelo debajo. Continúa trayendo tu mente de vuelta a esto.
- Usa la técnica de contar: A la vez que asientas las plantas de tus pies puedes contar. Es muy útil especialmente si estás estresado o distraído. Sugiero que cuentes después de cada paso, empezando por uno (en silencio) hasta ocho y luego contar hacia atrás hasta uno.
- Usa una frase o palabra: Mientras caminas puedes decirte de vez en cuando: "camino con atención consciente, camino apaciblemente"; busca tus propias frases con las que conectas mejor emocionalmente.
- Camina y suelta: Sé consciente de todo tu cuerpo, prestando especial atención a cualquier sentimiento de preocupación o ansiedad, ya sea físico o mental. Fíjate si puedes soltar esas preocupaciones y soltar, aflojar tu cuerpo mientras caminas.
- Trae una atención apreciativa a tu experiencia: Esto significa sintonizar con las sensaciones agradables y placenteras que sientes. Disfruta de tu cuerpo moviéndose, nota el aire en tu piel, la calidez de tu ropa, el color de las flores y el canto de los pájaros.
- Usa tu imaginación: Puedes imaginar como si en cada paso mientras caminas nace un loto debajo de tus pies, o siente la tierra debajo de ellos. Esta es una buena manera de interesarte en la práctica de caminar.

EL ESLOGAN DE ESTA SEMANA: "HABITAR EL CUERPO"

El cuerpo es nuestro hogar (de ahí el eslogan "habitar el cuerpo"). Podemos pensar que vivimos en tal o cual lugar, pero realmente si vivimos en algún lugar, ese lugar es nuestro cuerpo. El primer establecimiento de la atención consciente es acercarnos a estar más y más en nuestro cuerpo. Todo lo que necesitamos hacer para sentirnos un poco más felices es ir a correr, hacer algo de yoga o llevar al perro a pasear. El cuerpo es nuestro primer puerto de anclaje. Si queremos desestresarnos o evitar sentirnos deprimidos, nuestra primera pregunta a nosotros mismos debería ser: ¿Estoy haciendo algún ejercicio físico? ¿Estoy durmiendo lo suficiente? ¿Estoy comiendo cosas sanas? El cuerpo es algo a lo que siempre podemos volver, mientras leemos, estamos en una reunión o conduciendo. En cualquier momento que no te sientas seguro si realmente estás cultivando atención consciente, solo presta atención a tu cuerpo y sus movimientos, eso es todo lo que necesitamos hacer. Y claro, tan pronto como notamos nuestro cuerpo, comenzamos a darnos cuenta cómo se siente este, si está cómodo o incómodo, si está pesado o ligero, adormecido o con cosquilleos.

MINDFULNESS EN ACCIÓN 1: UNA ACTIVIDAD CON ATENCIÓN CONSCIENTE

Cada semana te sugeriremos una actividad que podrás hacer para cultivar la atención en tu vida diaria y con ello reducir el estrés. Estas pequeñas tareas toman muy poco tiempo –o nada de tiempo en el caso de la actividad para esta semana– pero pueden tener efectos muy grandes. Una actividad de estas por sí misma no dará grandes resultados, pero hacerla varias veces al día puede marcar una gran diferencia.

La actividad para esta semana consiste en estar atento durante las actividades que realizas cotidianamente, como lavarte los dientes, darte una ducha, comer algo, abrir y cerrar las puertas, subir y bajar escaleras, o prepararte y beber una taza de té o café.

Para esta actividad no necesitas tiempo, es decir, no requiere de tiempo adicional durante el día, porque son cosas que ya haces. Solo hazlo con atención. Esto no quiere decir hacerlo más lentamente, significa simplemente prestar atención a cualquier cosa que estés haciendo.

Por ejemplo, al lavarte los dientes. Prestar atención significa, en primer lugar, solo lavarte los dientes y no hacer nada más de manera simultánea, como limpiar el fregadero o salir del baño para seguir hablando con alguien de la familia (¡lo cual es muy incómodo!). Quiere decir no a las multitareas.

También significa poner atención a las sensaciones que se producen al lavarte los dientes: la sensación del cepillo sobre los dientes y las encías, la sensación y el sabor de la pasta de dientes en la boca. Y, al final, la sensación del agua fresca cuando enjuagas la boca.

También significa traer de vuelta tu mente a lo que estás haciendo cuando esta vaga hacia algo más, lo que probablemente hará varias veces, incluso en una sesión de dos minutos de limpieza de dientes.

Hemos utilizado el ejemplo al lavarnos los dientes, pero puedes hacerlo también con cualquier otra actividad que elijas hacer con atención: comer, beber una taza de té o subir y bajar escaleras.

1. Haz solo esa actividad y nada más.

2. Presta atención a las sensaciones físicas que surjan al realizarla.

3. Trae tu mente de vuelta cada vez que divague.

La forma más sencilla de practicar el "Mindfulness en acción" es volver a tu cuerpo. Aquí tenemos un ejemplo:

- Observa los movimientos de tu cuerpo cuando te quitas la ropa.
- Trata de sentir los cambios de la temperatura en la piel.
- Observa lo que haces con tu ropa: Cómo la doblas cuidadosamente o si la dejas en un montón sobre la silla.
- Observa las sensaciones al ponerte tu pijama.
- Observa cómo desplaza el peso de tu cuerpo de un pie a otro a medida que te pones los pantalones del pijama.
- Observa la temperatura y el tacto de tu ropa de dormir.
- ¿Cómo se siente en tu cuerpo cuando te metes en la cama?
- Siente la sensación de alivio físico al acostarte y reposar la cabeza.

Según pasan las semanas, puedes cambiar la actividad para el "Mindfulness en acción". Y, si tienes tiempo, utiliza tu diario para anotar cualquier cosa que encuentres especialmente llamativa de esta experiencia. De la misma manera que hiciste con la caminata consciente, puedes ir llenando la tabla de progreso al final de este capítulo en el manual. Esto te ayudará a no perder de vista si has recordado de hacer la práctica de "Mindfulness en acción". Marca con una cruz la casilla al final de cada día. Y recuerda: es muy frecuente olvidarse de la práctica de "Mindfulness en acción". No pasa nada, haz lo que puedas. Se trata de recordar que puedes intensificar tu atención consciente en un momento, recordarlo todos los días a partir de ahora, por lo que necesitarás un acercamiento sensato y con paciencia, sin esperar demasiado de ti mismo, por un lado, y de no renunciar con demasiada facilidad por el otro.

TAREAS Y PRÁCTICAS PARA LA SEMANA 1

Meditación: Te invitamos a poner en práctica la meditación 1a: El Escaneo del cuerpo: hazlo al menos dos veces al día. No esperes sentir nada en particular cuando lo estés haciendo, de hecho, deja de lado todas tus expectativas. Solo permite que tu experiencia sea tal como es en ese momento. No hagas juicios, hablaremos en la próxima semana.

Audios en el siguiente enlace:
https://www.respiravida.net/Audios-libro-mindfulness-kindfulness-estres

Utilizar el eslogan: "Habitar el cuerpo".

Caminata con Atención Consciente, hazlo al menos durante 5 días. Utiliza una caminata que ya realizas a diario. Sin cascos, música o móvil. Notando tu cuerpo, las sensaciones físicas y el movimiento. Trayendo una curiosidad amable y curiosa acerca de tu experiencia.

Mindfulness en Acción 1: Realiza una actividad cotidiana con atención plena.

SEMANA 2
VOLVIENDO A NUESTROS SENTIDOS

EL "MODO HACER" Y EL "MODO SER"

En la práctica del mindfulness hacemos una distinción útil entre dos modos de operar de la mente: Hacer y ser (Segal, 2006). El modo hacer se esfuerza por alcanzar los objetivos. No está satisfecho con la manera de ser de las cosas en este momento, sino que trata de mejorarlas. Nota los problemas y trata de solucionarlos. Por ello, el modo hacer tiende a orientarse hacia el futuro, hacia los objetivos que se ha establecido, las mejoras que quiere hacer, hacia los problemas que intenta resolver.

El modo ser está orientado hacia el momento presente. Cuando estamos en el modo ser, experimentamos el momento presente directamente en toda su plenitud y riqueza, con sus imperfecciones, y no sentimos ninguna gran necesidad de cambiarlo o de lograr nada. En su lugar, estamos interesados sintiendo curiosidad acerca de nuestra experiencia.

En términos generales, la mayoría de las personas pasan mucho más tiempo en el modo hacer que en el modo ser. En la práctica de mindfuless tratamos de equilibrar hacia el modo ser. Podrías pensar que esto suena muy pasivo, que la atención plena implica dejar que las cosas sean como son, incluso si esas cosas son insuficientes, injustas o nos causan sufrimiento. Sin embargo, el modo ser conduce a cambios, a menudo a cambios profundos y de gran alcance, pero lo hace de una manera diferente al modo hacer.

EL CEREBRO Y LOS MODOS HACER Y SER

La Red Neuronal por Defecto es el circuito en nuestro cerebro que está activo con pensamientos auto-referenciales (yo, mío, mí) y el divagar de la mente, cuando descansamos y no estamos enfocados en una actividad. Estas funciones se pueden volver problemáticas cuando nos atascamos en pensamientos repetitivos, preocuparnos, ser demasiado autocríticos o quedar atrapados en juzgar y culpar (y potencial rumiación, catastrofización, etc).

La práctica diaria de mindfulness nos ayuda a pasar del modo hacer al modo ser de la mente, habitar el momento presente. Este cambio de modalidad se correlaciona con la desactivación de la RND e interrumpimos patrones reactivos de pensamientos y hábitos de comportamiento que nos causan estrés (Brewer, 2011).

¿SER HUMANO O HACER HUMANO?

Haz un breve recuento de los últimos días y escribe en la columna de la izquierda todas las veces que estuviste en el modo hacer. Puedes incluir limpiar la casa, trabajar, ir y volver del trabajo, ir de compras. Luego anota en la columna de la derecha todas las veces que estuviste en el modo ser. Puedes incluir mirar una película, escuchar música, hablar con un amigo o no hacer nada en particular.

MODO HACER	MODO SER

¿Y en qué modo estás ahora?

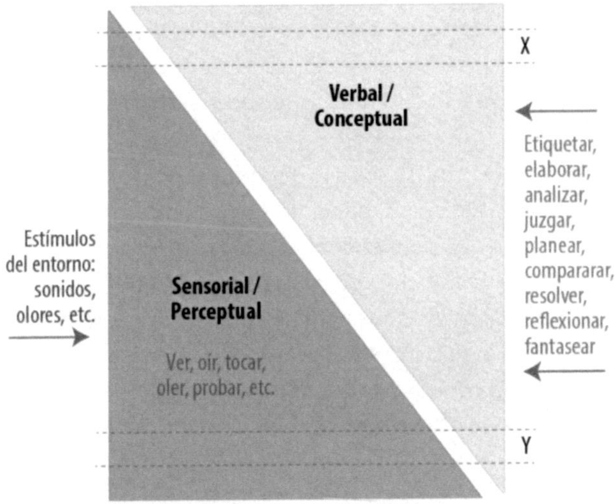

SENTIR MÁS, PENSAR MENOS

Una de las cosas que vas a notar es que mindfulness consiste en gran parte en ser consciente de la experiencia del cuerpo. Esto es así porque estamos interesados en tener una "experiencia directa" de la vida, en lugar de una experiencia mediada por los pensamientos y las ideas. El diagrama anterior nos muestra dos formas en las que nuestra mente tienden a operar: El triángulo de la parte izquierda representa nuestra experiencia directa del mundo; el mundo tal como lo vemos, oímos, tocamos, etc. (la experiencia primaria). El triángulo (invertido) de la parte derecha representa nuestra conceptualización de ese mundo; la manera en que etiquetamos cada experiencia, y luego lo que pensamos de ella, y cómo lo analizamos, comparamos, juzgamos, etc. (experiencia secundaria).

Cuando estamos estresados tendemos a operar en la parte superior del diagrama, sobre la banda marcada con una X;

preocupándonos, analizando, resolviendo problemas, etc. Esta capacidad para pensar, analizar y reflexionar es una cosa maravillosa, pero cuando estamos estresados tendemos a utilizar esta parte de nuestra mente de manera excesiva, en una actividad mental que tiende a mantenernos atrapados en lo que estamos intentando resolver.

La práctica de mindfulness nos ayuda a avanzar hacia el extremo inferior del diagrama, hacia una experiencia más directa del mundo y con menos pensamientos. La banda marcada con una Y en el extremo inferior del diagrama (Segal, 2006) representa un alto grado de experiencia sensorial con muy poco pensamiento. No necesitamos aquí hacer un esfuerzo para pensar menos, porque nuestra atención está muy absorbida con la experiencia sensorial directa y simplemente no queda espacio ya en nuestra mente para pensar en ello.

REDUCIR LOS NIVELES DE ESTRÉS

No es que tengamos como objetivo vivir todo el tiempo en la banda Y; ¡en ocasiones es apropiado pensar! Lo que intentamos hacer es vivir a partir de una experiencia del mundo más directa e inmediata. Dicho esto, es muy refrescante pasar un poco de tiempo al día en la banda Y, porque esta experiencia reduce drásticamente nuestros niveles de estrés. Por esta razón, recomendamos las prácticas como el Escaneo del Cuerpo, Mindfulness de la Respiración y los Movimientos Conscientes, que veremos más adelante.

¿QUÉ SUCEDE CUANDO ESTAMOS ESTRESADOS?

Hemos visto que cuando estamos estresados ocurren dos cosas: Tenemos una experiencia directa del estrés (experiencia primaria); y también una serie de reacciones a esta experiencia: pensamientos, sentimientos, juicios, etc. (experiencia secundaria). Gran parte de nuestra experiencia secundaria consiste en resolver problemas: el análisis de nuestra situación, pensar en cómo arreglarla, etc. A esta actividad mental la llamamos la modalidad del hacer. Este modo del hacer puede ser muy útil, realmente puede resolver muchos problemas. Pero también puede ser problemático y contribuir a nuestro sentimiento de estrés cuando somos incapaces de resolver un problema de manera inmediata. Una vez que nos damos cuenta de que no podemos resolver un problema en este preciso momento, lo mejor es dejarlo hasta que llegue el momento en que seamos capaces de resolverlo. Sin embargo, la modalidad del hacer tiende a seguir intentando solucionar el problema y, paradójicamente, esto mantiene el curso de nuestra sensación de estrés.

Cuando tenemos un problema de cualquier tipo, el modo hacer irrumpe. Digamos que una puerta de tu casa no cuelga del todo bien y ya no cierra fácilmente dentro del marco. Es un problema cerrarla y tienes miedo dc que algún día ya no se pueda cerrar. Entonces, si eres un tipo de persona práctica, analizas el problema, vas por tu caja de herramientas y la reparas. O consultas internet y llamas al técnico para que lo haga. Así tenemos el problema resuelto; el modo hacer ha hecho su trabajo.

El problema es que asumimos que podemos cambiarlo todo utilizando este modo "hacer". Toda la industria de "autoayuda" asume esto también: ¿Experimentas ansiedad? está bien, haz algo al respecto: ¡puedes cambiarte a ti mismo y así no sentir más ansiedad! Sin embargo, cuando se trata de cambiar un aspecto de nosotros mismos tenemos que abordarlo de una manera distinta. El cambio interno requiere de una mentalidad muy diferente: A esto es a lo que llamamos el modo "ser". Mientras que el modo "hacer" es activo, orientado hacia el resultado y hacia el futuro; el modo ser es receptivo, abierto y orientado al presente.

MINDFULNESS EN ACCIÓN 2: DISMINUIR LA VELOCIDAD

Una manera de movernos hacia abajo en los dos triángulos, es decir, cambiar el modo hacer al modo ser, es hacer las cosas un poco más lentamente de lo que lo hacemos habitualmente. Esto nos ayuda a salir de la actitud de hacer cosas solo para completarlas, y nos permite apreciar el hacerlas, disfrutar del viaje tanto como llegar a destino. Ser *mindful* no significa necesariamente hacer todo lento, es posible ser consciente/*mindful* y rápido; pero cuando hacemos las cosas rápido hay una tendencia de desconectar con el cuerpo, ir a la cabeza, en definitiva operar desde el modo hacer.

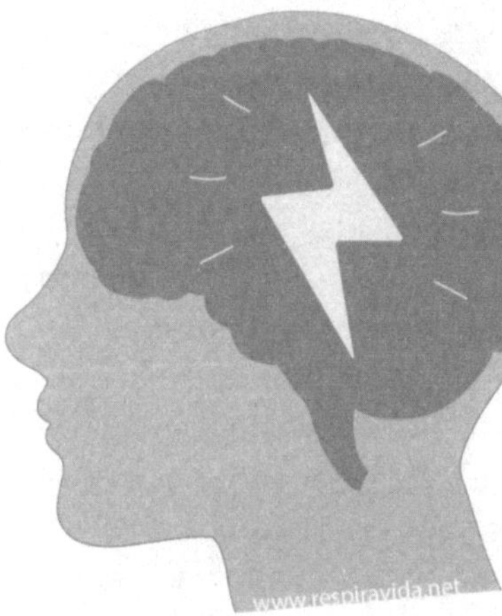

Hacer todo demasiado rápido tiene un efecto negativo sobre nosotros (Hanson, 2013):

- Activa el sistema de respuesta al estrés, liberando adrenalina y cortisol en el torrente sanguíneo. Estas hormonas, con el tiempo, debilitan el sistema inmunológico además de afectar también el estado de ánimo.

- Activa la alerta roja del sistema de alarma del cerebro (estando demasiado sensible a posibles amenazas), haciéndote propenso a encontrar cosas por las que preocuparte e irritarte, lo que significa que es fácil reaccionar y más difícil responder.
- Reduce el tiempo para pensar con claridad y tomar buenas decisiones.

Esta semana:

Haz algunas cosas más lentamente que de costumbre. Por ejemplo, cuando tomes una taza de té date tiempo suficiente para beberla. Lleva la taza lentamente hasta sus labios, sorbe lentamente como si tuvieras todo el tiempo del mundo, saboréala, disfrútala. Si caminas por algún lugar, utiliza el tiempo necesario para que tu caminata no se convierta en otra cosa más que tienes que hacer con rapidez.

Camina despacio, mirando a tu alrededor, notando las cosas. Al hacer un trabajo, realízalo lentamente, permítete hacerlo meditativamente, sin prisa, sin precipitarte. Si conduces, trata de hacerlo más lentamente que de costumbre. ¡Disfruta del movimiento lento!

Resiste la presión de los demás para hacer las cosas con rapidez. A veces nos encontramos haciendo algo apuradamente por falta de previsión o mala planificación de alguien más. No dejes que la mala planificación de alguien más te impacte. Diles que lo harás cuando puedas, pero puede que no sea en el momento que ellos lo esperan.

Busca lo bueno del momento. Esto es una buena manera de inhibir la tendencia que tenemos a ir hacia el futuro. Mira a tu alrededor hasta encontrar algo agradable -unas flores, el cielo, un color- o siente el flujo de tu respiración y permanece ahí por unos momentos.

Con el tiempo, termina tus compromisos existentes y ten cuidado de no tomar más. Nota y desafía cualquier presión interna de estar haciendo siempre algo más. Pregunta: ¿El preocuparte te hace más feliz? ¿O te estresa y te desgasta más?

Mientras tanto, maravíllate de la facilidad y el bienestar que provienen de reducir el ritmo. Y no te sorprendas si te dicen que se te ve más seguro, descansado, dignificado y feliz.

TOMANDO CONCIENCIA DE LA RESPIRACIÓN EN EL CUERPO

Todas las técnicas y herramientas que impartimos en este libro están, en un sentido u otro, relacionadas con la respiración. La técnica principal que enseñamos y que forma el hilo conductor de todas las prácticas de mindfulness del programa, es el aprender a traer la respiración hacia cualquier experiencia que tengas, trayendo la conciencia hacia ella con la inspiración, con una actitud amable y de aceptación, y suavizando la dureza de nuestra resistencia con la espiración, usando la respiración para soltar la tensión y la sensación de aferramiento.

Cuando tienes, tensión, dolor u otras sensaciones desagradables en alguna parte del cuerpo, la respuesta normal y humana es intentar evitarlo, resistirlo o defendernos. Esta respuesta es completamente natural y es algo que todo el mundo hace cuando se siente estresado de cualquier manera, pero sin darte cuenta que probablemente te estás creando es más sufrimiento y tensión. Desde este punto es muy fácil llegar a encontrarte en un círculo vicioso de sensación desagradable, tensión, más sensación desagradable, más tensión. Sin embargo, si puedes aprender a traer tu respiración hacia tu experiencia de incomodidad, puedes interrumpir este ciclo y gradualmente ir reduciendo la tensión, relajándote en torno a tu experiencia. Puede que las sensaciones desagradables en sí no cambien, pero es posible que las capas de tensión, resistencia y rigidez que se han acumulado encima de ellas empiecen a disolverse, llevando a una reducción de nuestra experiencia global de sufrimiento y aflicción.

Cuando inspiras, el diafragma se extiende y se aplana hacia abajo dentro del cuerpo, creando un espacio en el pecho para que los pulmones puedan inhalar y expandirse. Cuando espiras, el diafragma se relaja, y vuelve a subir expandiéndose, lo que hace que los pulmones suelten el aire. Este movimiento hacia abajo del diafragma en la inhalación y hacia arriba en la exhalación crea un movimiento en toda la parte baja del torso. Es por eso que cuando respiras de forma óptima, sin inhibir el movimiento del diafragma, el abdomen se hincha en la inhalación y vuelve a relajarse en la exhalación.

Cuando el diafragma puede moverse libremente se da un agradable masajeo suave y rítmico de los órganos internos. Esta respiración corporal plena estimula la oxigenación de todo el cuerpo, lo que le ayuda a funcionar mejor y puede tener un efecto profundo en cómo nos sentimos en cuanto al bienestar y salud. Este tipo de respiración completa a veces se llama respiración diafragmática. Quizás la puedes imaginar como una ola que se mueve cuerpo abajo durante la inhalación, hinchando el abdomen y meciendo suavemente la columna, para luego volver hacia arriba haciendo que el cuerpo se suelte durante la exhalación.

MANERAS HABITUALES DE INHIBIR Y CONTENER LA RESPIRACIÓN

Se da con frecuencia que la gente que vive con estrés desarrolla hábitos de respiración que son poco beneficiosos para su bienestar general. Si estás rechazando tu experiencia y tensionándote ante el dolor, tu respiración se verá inevitablemente afectada. Por ejemplo, puede que notes que tus hombros se encogen y se tensionan, que tu estómago está tenso, que estás respirando de forma corta y superficial, o que estás conteniendo la respiración. Todas estas maneras de inhibir la respiración natural conducen a un incremento de tu sensación general de aflicción. El hábito más común es contener la respiración. Puede que notes que estás haciendo esto cuando experimentas dolor o aflicción, por ejemplo, al hacer un movimiento que te es incómodo. Trata de observar tu respiración la próxima vez que cambies de postura (Farhi, 1998).

En el cuerpo humano los músculos respiratorios se dividen en dos grupos (Farhi, 1998): Primarios y (esencial para la respiración plena) y secundarios. Los músculos primarios están en la parte más baja del torso (diafragma, intercostales, abdominales), hacen la mayor parte del trabajo (75% del esfuerzo), y en general, son grandes y fuertes y deben trabajar más de 22.000 veces cada día. Los músculos secundarios están más arriba en el torso (escaleno, esternocleidomastoideo, trapecio y pectoral menor), actúan como ayudantes auxiliares y juegan un papel importante en dar mayor adaptabilidad a la respiración (25% del esfuerzo), son músculos pequeños y delicados y pueden actuar durante breves periodo de tiempo. A diferencia de los músculos primarios, estos se cansan rápida y fácilmente. En general cuando estamos nerviosos, ansiosos o estresados tendemos a tensar la parte baja del cuerpo y la

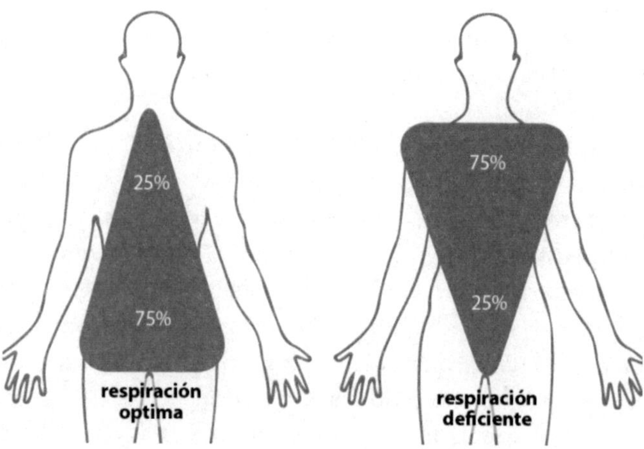

respiración se localiza más en la parte alta del torso. Es necesario ser consciente de esto porque es importante recordar que los roles de estos dos grupos musculares nunca deberían invertirse. Es interesante observar como se manifiesta en el cuerpo la estabilidad de cada figura ¿Cuál se percibe más estable de las dos? ¿crees que estas dos maneras de respirar pueden tener un efecto en nuestro estado mental y emocional?

Exploración 3:
Explorando la respiración

Primera exploración: Recuéstate o siéntate cómodamente en una silla. Cierra los ojos y sintoniza con la respiración sin alterarla ni juzgarla. Coloca la mano en la parte del cuerpo que más se mueve mientras respiras. Mientras sigues ahí tranquilamente, siente como el cuerpo se mueve suavemente debajo de tu mano. Ahora coloca la otra mano en aquella parte del cuerpo donde notas más movimiento después de la anterior. Otra vez, continúa ahí sintiendo estos movimientos suaves debajo de ambas manos. Nota si esta exploración te ha llevado a una mayor sensación de calma.

NOTA: Si observas que tu pecho se está moviendo más que tu abdomen, sabrás que tu respiración es demasiado superficial.

Segunda exploración: Relajando las manos, colócalas en tu abdomen justo debajo de la caja torácica con los dedos medios apenas tocándose. Inhala moviendo el abdomen de modo que tus dedos se separen. Conforme exhalas, tus dedos volverán a juntarse nuevamente. No es necesario respirar rápida o profundamente, simplemente respira en un ritmo lento, agradable y constante. Esta exploración es una muy buena manera de llegar a experimentar cómo es la respiración diafragmática y cómo se siente en el cuerpo.

Mientras haces esta exploración, trata de relajar cualquier tensión que notes en el pecho, la garganta o el abdomen.

Tercera exploración: Cuando experimentamos estrés respiramos de manera superficial y rápida y solo en la parte alta del cuerpo. Esto empeora el estrés. Un buen antídoto es prolongar la exhalación.

Esta exploración la puedes hacer de pie o sentado sobre una silla. Este ejercicio es una muy buena técnica antiestrés. Puedes hacerlo en el autobús, mientras caminas, en una cola o mientras preparas la cena.

Toma conciencia de tu respiración tal como es ahora, nótala en tu cuerpo. Continua inhalando normalmente y comienza soltar el aire a través de los labios como si estuvieras soplando a través de una pajita de refrescos. No es necesario que tomes aire extra durante la inhalación para hacer esto. Solo prolonga tu exhalación tanto como puedas, sin forzar. Vamos a repetirlo cinco o seis veces

También puedes hacerlo contando hasta 3 durante la inhalación, entonces cuenta hasta 4 o 5 durante la exhalación. Experimenta con esto hasta encontrar un ritmo de conteo que funcione para ti.

Prolongar la exhalación hace que se vacíe la base de pulmones de aire viciado. También esto ayuda a que luego la inhalación sea más completa.

Practica esta exploración varias veces a lo largo del día, especialmente si notas que te sientes tenso. Centrar la atención en prolongar la exhalación puede ayudarte a relajarte y soltar en aquellos puntos de tu cuerpo que habitualmente tienden a acumular tensión o a agarrotarse. Asimismo, puedes practicarla por la noche acostado en la cama antes de dormirte. Compara cómo te sientes ahora con cómo te sentías antes de empezar la sesión.

Es suficiente. Estas pocas palabras bastan
Si no estas palabras, esta respiración
si no está respiración, este estar aquí
este abrirse a la vida
que hemos rehusado
una y otra vez
hasta ahora
hasta ahora
DAVID WHYTE

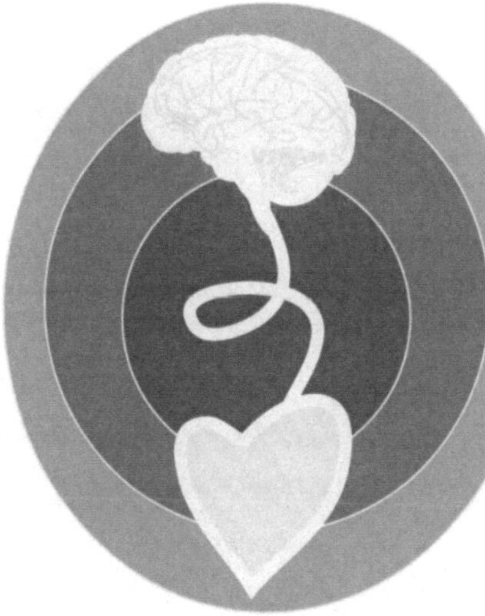

LA RESPIRACIÓN Y LA BIOLOGÍA DEL AMOR

Prolongar la respiración es una herramienta que nos ayuda a trabajar directamente con nuestras emociones de manera sencilla y práctica.

Cuando intencionalmente hacemos más lenta la respiración, naturalmente suavizamos la actividad de la rama simpática del sistema nervioso (sistema de lucha y huida, excitación y activación). Al mismo tiempo se activa la rama parasimpática del sistema nervioso (homeostasis, recuperación, digestión y relajación) y por ende el aumento del tono vagal.

Según la investigadora Barbara Frederikson (Frederikson, 2015), "este conducto clave, llamado nervio vago, une el cerebro con el cuerpo. Emerge del tallo encefálico en lo hondo del cráneo, y aunque hace escalas múltiples en diversos órganos internos, quizás lo más significativo es que enlaza al cerebro con el corazón". El nervio vago, junto con el cerebro y la oxitocina, constituyen lo que esta autora llama la "biología del amor".

Volviendo al efecto de la respiración lenta en el "tono vagal", hay una relación entre el tono vagal y las emociones positivas. Cuando aumenta este, aumenta las emociones positivas y cuando hay emociones positivas aumentan el tono vagal, que su vez mejora nuestra salud.

Este efecto también ocurre naturalmente en el transcurso de la práctica de la meditación ya que durante la misma es habitual que descienda tanto la frecuencia respiratoria como la cardiaca.

ATENCIÓN CONSCIENTE Y LA REGULACIÓN DE EMOCIONES

"Lo que es consciente del enfado no se enfada."
M. Ricard

Es muy frecuente asociar la palabra "atención" con la mente, o sea, pensar que es algo que tiene lugar solo en la cabeza. Aunque esto sí que es un aspecto del mindfulness (y en el próximo capitulo vamos a aprender a como prestar atención a nuestros pensamientos), sin embargo, las apariencias engañan. El tema de la primera semana fue la atención consciente del cuerpo, y empezamos por este aspecto porque muchos de nosotros solemos "vivir en la cabeza", o sea, que pensamos mucho, analizamos y juzgamos. Esta actividad mental nos aleja de nuestra experiencia tal y como realmente la vivimos, y es por eso que es importante ser consciente del cuerpo, experimentando de forma directa lo que sentimos físicamente y "habitando" el cuerpo, en lugar de experimentarlo como si de un mero apéndice de la cabeza se tratara.

Además de las sensaciones físicas que experimentamos en el cuerpo; calor y frío, tensión y relajación, sensaciones agradables y desagradables, también tenemos lo que se podrían llamar "sensaciones interiores": Emociones, estados de ánimo, impulsos. Algunas son agradables y otras desagradables (y algunas están entre las dos cosas). La práctica de mindfulness incluye tomar más consciencia de todas estas emociones, las agradables, las desagradables y las intermedias: las experimentamos plenamente sin actuar necesariamente en consecuencia. Esto es precisamente de lo que se trata lo que se conoce como "regulación emocional".

Debido al hecho de que muchas veces no somos conscientes de nuestras emociones, un aspecto importante de mindfulness es abrirnos a nuestra experiencia, cualquiera que sea esta, incluso si es desagradable. Aunque esto significa entrar más de lleno en nuestra experiencia, la cualidad de aceptación y de crear espacio que caracteriza el mindfulness. También significa que somos menos propensos a sentirnos abrumados por estas emociones. Es decir que podemos experimentarlas sin actuar necesariamente en consecuencia. Es posible, por ejemplo, que tú te sientas muy enfadado por algo que ha hecho un compañero de trabajo o familiar, y que quieras expresarle tu enfado. Sin embargo, también es posible que seas consciente de que expresar tu enfado puede que no sea la mejor manera de encarar la situación; en realidad, muy probablemente empeoraría las cosas. Un aspecto de la práctica de mindfulness es el poder experimentar emociones difíciles, así, sin actuar necesariamente en consecuencia.

A medida que practicamos, a lo mejor descubrimos algo importante, que tenemos elección a la hora de responder a nuestros emociones y que no tenemos que reaccionar cada vez que "se nos pone el dedo en la llaga." En vez de reaccionar como siempre lo hemos hecho, con reacciones habituales a las que, quizás, llevamos años (si no toda la vida) recurriendo, puede que descubramos que es posible responder con consciencia, sentido de elección, y libertad.

¿QUÉ ES LA MEDITACIÓN?

La meditación es un entrenamiento de la mente y del corazón que lleva a una mayor libertad mental y emocional. Se la asocia muchas veces con las tradiciones espirituales más importantes, especialmente el budismo, pero últimamente en Occidente se ha adaptado para los contextos seculares, incluyendo la asistencia sanitaria.

Las prácticas de meditación que impartimos en *RespiraVida BreathWorks* tienen una estructura sencilla y cualquier persona puede hacerlas, independiente de si eres o no creyente, y de tu estado de salud física. No implican "controlar la mente" o visualizaciones complicadas. Son simplemente un entrenamiento para hacerte más consciente de la experiencia en el momento en que ocurre, con una actitud amable, cálida y de interés. Esto permite una acción de poder elegir, que te puede liberar de sentirte víctima de los impulsos y los hábitos. Estas prácticas se pueden hacer sentado o recostado, y se pueden practicar en casi cualquier contexto, incluyendo un hospital.

Todas las prácticas que impartimos tienen aspectos de lo que llamamos "parar", "ver". "Parar" implica una "conciencia enfocada" (*samatha*), calmar la mente y prestar atención a una cosa a la vez. "Ver" implica "conciencia abierta" (*vipassana* o *insigth meditation*), aporta una comprensión de la naturaleza de la experiencia en sí, permitiéndote relacionarte con la vida desde una perspectiva más fluida, amplia y estable. Los dos aspectos son importantes. El primero se parece a mirar detenidamente los detalles de una flor con el zoom de una cámara, apreciando con atención cariñosa la belleza de cada uno de ellos. El segundo es como ampliar la perspectiva con una lente de gran ángulo, hasta ver la misma flor dentro de todo un paisaje, lo que significa ver los pormenores de la experiencia dentro de una perspectiva más amplia.

En la segunda parte del libro se introducen otro conjunto de prácticas, que se combinan e integran con las anteriores. Se denominan prácticas generativas o constructivas, las cuales no tienen que ver con prestar atención de un modo determinado a la experiencia particular del momento presente, sino que consisten en generar estados emocionales específicos que, según se cree, son aspectos fundamentales del bienestar psicológico, así como aspectos constituyentes de la dimensión ética en la vida humana. Estas prácticas están representadas en la tradición budista por lo que se llama las cuatro *Bramaviharas* o cuatro cualidades sublimes: La bondad amorosa o amabilidad (en lengua pali *metta*, en inglés *loving kindness*), la compasión (*karuna*, compassion), la alegría empática (*mudita*, *empathetic joy*) y la ecuanimidad (*upekkha*, *equanimity*).

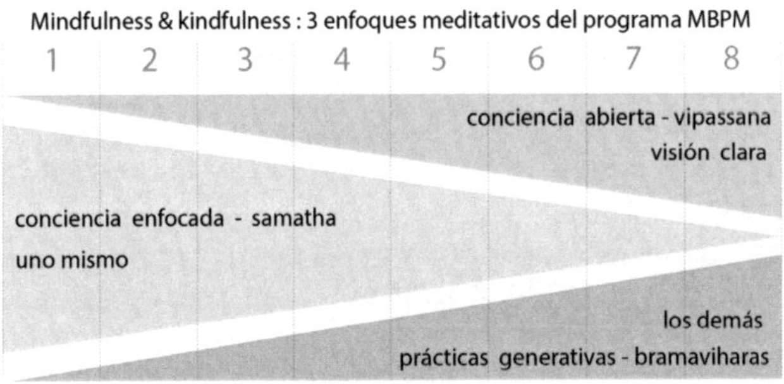

El maestro budista Sangharákshita, en su libro *Living with Kindness* (Sangharákshita, 2014) llama a estas cualidades "motivaciones o emociones éticamente hábiles", para enfatizar precisamente que su cultivo o desarrollo supone una elección consciente y alineada con nuestros valores éticos.

Por otro lado, es adecuado siempre recordar que estas cualidades universales son bidimensionales, es decir es tan importante cultivarlas con "uno mismo" como con "los demás".

El entrenamiento en todas estas prácticas tiene un gran potencial en aportar estabilidad emocional, lo que te permite experimentar plenamente las emociones intensas a la vez que las mantienes dentro de un enfoque más amplio, lo que a su vez facilita la resiliencia, la inteligencia y regulación emocional. Por supuesto, a la mayoría de personas les cuesta hacerlo especialmente en épocas de mucho estrés. Meditar de forma regular usando los métodos que impartimos en este libro puede crear una profunda confianza, fuerza y empatía tanto dentro de cada sesión de meditación como en tu vida en general.

En definitiva, entrenar nuestra mente y corazón de esta manera nos permite aumentar el rango de intensidad de nuestra ventana de tolerancia emocional que somos capaces de experimentar sin desbordarnos ni desconectarnos.

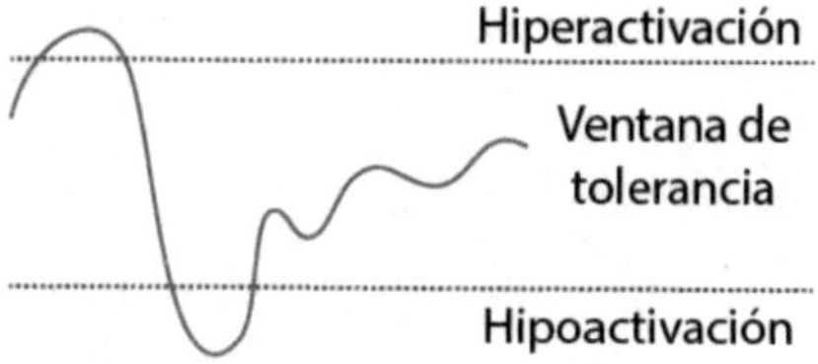

EL CUERPO COMO UNA MONTAÑA: LA POSTURA EN LA MEDITACIÓN

El cuerpo como una montaña;
el corazón como el océano,
la mente como el cielo.
Instrucciones de meditación Zen

Los principales criterios para encontrar una postura para meditar son que el cuerpo debe estar sometido al menor esfuerzo muscular posible y que la postura promueva un estado mental de alerta pero relajado. Teniendo esto en cuenta no hay ninguna restricción en cuanto a la postura que encuentres apropiada. Si tienes una condición física o dolor crónico es importante adaptarte creativamente: Ser sensible a tu cuerpo y probar hasta encontrar la postura que te propicie la meditación. Ten en cuenta que lo que mejor se adapte a ti puede ir cambiando según tu condición física y dolor. Para algunos puede ser recostarse, para otros sentarse en una silla, otros se encontrarán cómodos sentados de rodillas en el suelo. A veces puede ser necesario cambiar de postura durante la sesión de meditación, especialmente si tienes una condición que requiera moverte regularmente. Pero si te mueves, trata de incluir esto en tu meditación y moverte lo más atentamente y tranquilamente que puedas.

De las distintas prácticas de meditación que ofrecemos, el Escaneo del Cuerpo se hace generalmente recostado, aunque también hay otras opciones.

Probablemente la mejor manera de practicar el resto de las prácticas meditativas es en las diferentes variantes de la postura sentada, aunque también se pueden practicar en postura recostado. No hay ninguna postura que sea la mejor. La mejor postura es aquella más cómoda, que menor esfuerzo muscular requiere y que permite prestar mayor atención.

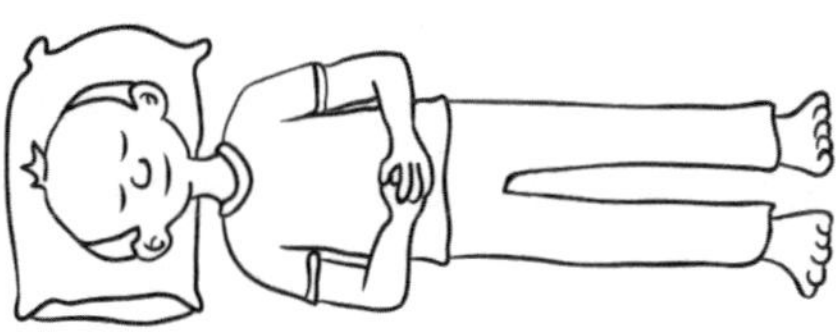

Postura recostado o tumbado
Recostado con las piernas sobre el suelo
(en esta postura es más fácil dormirse)

En caso de molestias lumbares es adecuado poner un almohadón bajo las rodilla

Con poca altura se puede comprimir la nuca

Con mucha altura la garganta puede comprimirse

Cabeza con altura que facilita una posición neutra

POSTURA SENTADA Y BALANCEANDO LA PELVIS

Ya sea que te sientes en una silla o sobre el suelo, el ángulo de tu pelvis es la clave para encontrar una postura cómoda. La pelvis es como la base de una torre eléctrica, aunque por supuesto más flexible y maleable. Esta afianza toda la parte superior de tu cuerpo y su ángulo afecta el ángulo de tu columna, cuello y cabeza. Ya que pasamos mucho tiempo sentados o frente al escritorio, es común notar que nuestra pelvis se encuentre girada hacia atrás. Los resultados son una lordosis aplanada en la parte baja de la columna, los hombros arqueados y una tendencia de la cabeza a ir hacia delante de la columna, produciendo tensión en el cuello. Si encontramos una posición en la que la pelvis permanezca balanceada y erguida, la columna seguirá su suave y natural curvatura en "S".

Esto permite que la cabeza descanse suavemente sobre la parte superior de la columna y que cuello se estire y relaje con la barbilla ligeramente hacia adentro. Una pelvis balanceada permite también que las piernas "caigan hacia fuera" en dirección hacia el suelo y produce la menor tensión posible en los grandes músculos de los muslos y de la cadera.

Una buena manera de saber si la pelvis se encuentra en postura correcta es inclinarla ligeramente unas cuantas veces hacia atrás y hacia delante, buscando el punto en medio donde descanse y quede balanceada. También puedes intentar, mientras estás sentado, poner tus manos bajo los músculos de las nalgas buscando los isquiones; la punta de los huesos en lo profundo de las nalgas que reciben el peso cuando el cuerpo se sienta erguido. Cuando la pelvis se encuentra balanceada la mayor parte del peso pasa directamente por estos huesos, no a través de la parte carnosa detrás de las nalgas o del pubis en el área frontal. Es común que al buscar una postura en la cual tu pelvis se encuentre balanceada naturalmente implique ajustar la altura de tu asiento. Otro aspecto que ayuda a mantener la posición recta es descansar tus manos ligeramente sobre tu regazo, tal vez colocando un cojín bajo ellas y así elevar un poco su altura. Esto permite a los hombros permanecer amplios y abiertos y no ser arrastrados hacia abajo y hacia delante por el peso de las manos mientras la meditación avanza.

SENTADO EN UNA SILLA

Si decides sentarte en una silla, la mejor elección es una de respaldo recto, como las sillas del comedor. Si te sientas en un sillón, el cuerpo tenderá a encorvarse, lo cual probablemente hará que te sientas somnoliento. Además, al cerrarse los hombros, estos comprimen el área del pecho, lo cual probablemente te hará sentir una pesadez emocional. Sin embargo, una silla con respaldo recto ayudará a la columna a seguir sus curvaturas naturales, creando una sensación de apertura en el pecho que provoca un estado de alerta y positividad emocional.

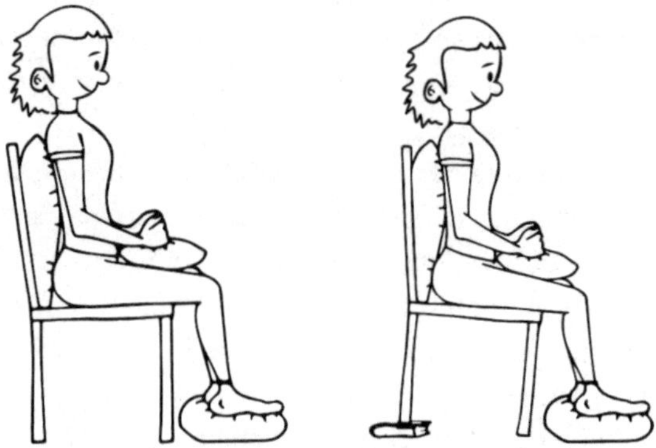

Asegúrate de que los pies queden bien plantados sobre el suelo. Si tus piernas quedan colgando, coloca un cojín o almohada bajo tus pies de tal manera que estos tengan un contacto firme y estable sobre el suelo. Para ayudarte a balancear la pelvis, puedes poner un libro detrás de las patas traseras de la silla, y tu postura se proyectará más erguida y alineada.

SENTADO DE RODILLAS SOBRE EL SUELO

Algunas personas con problemas de espalda encuentran que se sienten más cómodos meditando sentados de rodillas sobre el suelo que sentados en una silla.

Sentarse de rodillas en el suelo resulta un poco más difícil para estas y para los tobillos, tendrás entonces que encontrar lo que mejor se adapte para ti.

Si te sientas de rodillas, es importante encontrar la altura correcta. Si es demasiado alta, tu pelvis tenderá a girar hacia delante, arqueando más la espalda baja; y si es demasiado baja, la pelvis girará hacia atrás, encorvando la espalda y los hombros. Ambos extremos nos llevan a una postura poco recomendable, que produce dolores de espalda y cuello, además de una sensación global de tensión. Es por esto que poner atención a la altura de tu asiento es muy importante.

Si el asiento es muy alto, se arquea la espalda.

Si el asiento es muy bajo, se encorva la espalda.

Si sentarte de rodillas te produce tensión en los tobillos, puedes intentar apoyarlos sobre unos calcetines enrollados o algo similar que libere la tensión de la articulación del tobillo. Juega un poco con lo que tengas a mano y observa si puedes lograr una posición cómoda.

SENTADO CON LAS PIERNAS CRUZADAS

La opción final es sentarse con las piernas cruzadas sobre el suelo, pero como esto requiere de un grado alto de flexibilidad en las caderas, esta postura probablemente no sea apropiada para personas con poca flexibilidad o con dolor crónico. En este caso, las dos posiciones de meditación más recomendables son sentado en una silla o de rodillas sobre el suelo.

DIFERENTES OPCIONES PARA CRUZAR LAS PIERNAS

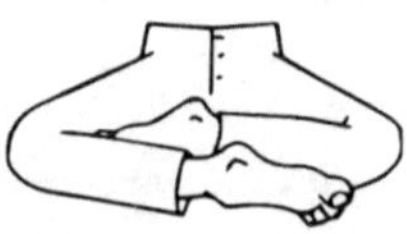

Una pierna delante de otra

Piernas en postura de loto

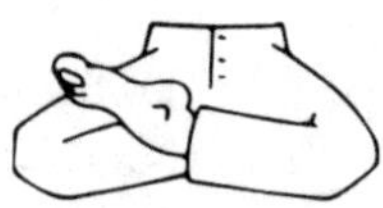

Una pierna sobre el muslo

Meditación 2a: Mindfulness de la respiración

En los audios que acompañan este libro encontrarás además una versión breve (2b) de esta misma meditación.

La meditación es en sí misma una práctica del modo ser. Simplemente prestamos atención a nuestra experiencia tal cual es, sin tratar de entrar en un estado particular o de cambiar lo que esté sucediendo. En la meditación Mindfulness de la respiración prestamos atención a las sensaciones de la respiración en el cuerpo. No tratamos de respirar de alguna manera en particular, solo sentimos y observamos la respiración tal y como es en su estado natural.

Mientras que la meditación del escaneo del corporal generalmente se hace recostado, esta meditación se realiza mejor estando sentado con la columna erguida. Como durante la práctica tienes que mantenerte sentado durante unos diez minutos, es importante encontrar una postura que puedas sostener cómodamente durante todo este tiempo.

Siéntate en una postura cómoda y erguida. Dedica un poco de tiempo a tomar conciencia de tu cuerpo; las sensaciones de contacto con la silla o el cojín y el suelo... siente ese contacto[8] ...

¿Puedes sentir la ropa descansando sobre la piel? ... ¿La temperatura del aire? ...

Nota todas las sensaciones, y permíteles ser tal como son, ya sean placenteras o desagradables, o en algún punto intermedio ...

Descansa tu atención en las sensaciones de la respiración... el pecho expandiéndose y contrayéndose ... el vientre subiendo y bajando ... el abdomen...

Cada vez que tu mente divague, en cuanto te des cuenta, tráela de vuelta a la respiración, suave y pacientemente ...

Ahora presta atención a la espalda... la espalda también se mueve mientras respiramos, aunque con movimientos bastante sutiles... si estás sentado con la espalda apoyada, tal vez en el respaldo de una silla, puedes observar cómo la sensación de contacto cambia a medida que inhalas y exhalas... mantente ahí por un tiempo con los movimientos en la espalda ...

¿Qué hay en los hombros ... puedes sentir algún movimiento allí?...

Ahora amplía la atención, se consciente de todo el torso moviéndose suavemente con la respiración ...

Lleva ahora tu atención al lugar en donde sientas que el aire hace contacto e ingresa por vez primera a tu cuerpo... si estás respirando por la nariz, tal vez sea en la punta de la nariz, en el labio superior o dentro de las fosas nasales... si estás respirando por la boca, puede ser en los labios, la lengua o el paladar...

Estas sensaciones son muy sutiles y es posible que al principio no las sientas. Sin embargo, si continúas prestando atención, comenzarás a sentirlas... Deja que tu atención sea ligera y sutil, como una mariposa posándose sobre una flor ...

Ahora amplía una vez más tu atención para incluir a todo el cuerpo. Manténte sentado durante unos momentos, soltando todo el esfuerzo ...

Abre los ojos y comienza a moverte. Mira si puedes mantener esta conciencia de la respiración a lo largo del día.

TU EXPERIENCIA:

Escribe lo que has notado al hacer esta meditación:

Sensaciones físicas:

Pensamientos:

Sentimientos:

OBSTÁCULOS QUE PUEDEN SURGIR DURANTE LA PRÁCTICA

Ahora que has estado practicando mindfulness durante unas semanas (o tal vez intentando practicar, o incluso notando que no estás practicando), puedes haberte encontrado con ciertos obstáculos para poder hacerlo. Incluso puedes encontrarlo más difícil de lo que esperabas. No te preocupes, esto es muy normal. A la mayoría de las personas les resulta difícil establecer una práctica diaria y recordar estar atentos en su vida cotidiana.

Algunas dificultades comunes son:

- No sentirte muy bien durante la meditación - ya sea por aburrimiento, irritación, ansiedad, estrés, dudas, etc.
- Sentirte frustrado porque la meditación no hace que te sientas mejor.

- No conseguir encontrar el momento adecuado para meditar.
- Que otras personas en tu casa no te permitan un espacio para meditar.
- Pensar que no lo haces correctamente.
- Que tu mente divague demasiado.
- "Trabajar" en ello, "hacer" en vez de "ser".
- Sentir que pierdes el tiempo.
- Intentar "llegar a algún sitio" en vez de simplemente notar las cosas como son (¡y luego sentirte frustrado por no llegar a ningún lado!).

Lo más importante es practicar, notar tus pensamientos, sensaciones y juicios sobre la práctica, pero sin tomarlos con demasiada seriedad. Recuerda que la efectividad de este curso para ayudarte a manejar y reducir tu estrés, funcionará si realizas las prácticas que te proponemos. Es demasiado pronto para juzgar si te funcionan o no, esto lo podrás hacer al final del curso. Jon Kabat-Zinn, el primero en iniciar los programas psico-educativos y seculares de mindfulness, dice: "No tiene que gustarte, solo tienes que hacerlo".

Si quienes viven contigo no te permiten el tiempo y el silencio necesarios para meditar, puedes considerar hablar con ellos, pedirles su cooperación, solo durante las ocho semanas que dura el curso.

Si encuentras que no estás haciendo las prácticas, a pesar de querer hacerlas, ten cuidado de no juzgarte rudamente. Recuerda que un aspecto importante de mindfulness es "no juzgar". Es suficiente con solo notarlo y desarrollar un sentido de curiosidad hacia tu no-práctica: - "Qué curioso, todos los días intento practicar, pero me doy cuenta de que no lo hago". Trae la atención a tu no-práctica, o a tu reticencia hacia la práctica, y haz de esto tu práctica.

TAREAS PARA LA SEMANA 2

Meditación: Te invitamos a practicar el escaneo del cuerpo (1a o 1b) y la meditación Mindfulness de la respiración (2a o 2b). Puedes alternar estas meditaciones, un día una y el siguiente la otra, o una por la mañana y otra por la tarde. Audios en el siguiente enlace:
https://www.respiravida.net/Audios-libro-mindfulness-kindfulness-estres

En el caso del escaneo del cuerpo, experimenta acerca de qué manera puedes utilizar la respiración para explorar tu cuerpo y soltar tensión.

DURANTE LA INHALACIÓN	DURANTE LA EXHALACIÓN
Durante la inhalación dirige tu atención consciente (como si fuera una luz) a determinada parte del cuerpo, y respira allí por un momento notando la naturaleza cambiante de las sensaciones presentes.	Mientras exhalas trae la intención consciente de permitir que sea y soltar, ya sea tensión muscular, juicios, etc, relacionada con en esa parte del cuerpo (desarrollaremos este aspecto de la compasión más adelante).

Exploración de la respiración

Aprovecha cualquier oportunidad en tu día a día para vivenciar como es tu respiración en este momento. También te invitamos a poner a prueba algunos de los ejercicios como "prolongar la exhalación" durante un momento de estrés o difícil.

Caminata con Atención Consciente

Hazla al menos durante 5 días. Utiliza una caminata que ya realizas a diario, notando tu cuerpo, las sensaciones físicas y el movimiento. Trayendo una curiosidad amable e investigativa acerca de tu experiencia. Especialmente, nota tu respiración y su integración al movimiento de tu cuerpo.

También puedes notar cuál es tu experiencia primaria mientras caminas, ¿estás en el modo hacer?¿ Solo quieres alcanzar la meta y completar la tarea lo más rápido posible?. O estás en el modo ser, permitiendo sentir plenamente, notando cualquier cosa que forme parte de tu experiencia.

Mindfulness en Acción 2: Disminuye la velocidad.

SEMANA 3
GESTIÓN DE LOS PENSAMIENTOS

No mires atrás, amigo mío
Nadie sabe como comenzó el mundo
No tengas miedo del futuro, nada dura para siempre
Si vives en el pasado o en el futuro
Te perderás este momento.
RUMI

NO TIENES QUE CREER EN TODO LO QUE PIENSAS

Cuando la gente empieza a practicar mindfulness por primera vez, una de las cosas que primero notan es la cantidad de pensamientos que acompañan todo lo que hacen. Se dan cuenta de que, al parecer, la mente nunca deja de pensar y algunas personas hasta suponen que la práctica del mindfulness o meditación les está haciendo pensar más de lo que hacían antes de empezar con la práctica. Esto es, de hecho, muy poco probable. Es más probable que hayan estado pensando todo el rato, pero la diferencia es que ahora se dan cuenta de ello. Aunque estamos pensando constantemente, lo solemos notar solo de vez en cuando, como si del zumbido de una lavadora se tratara, que sigue ahí como ruido de fondo y que solo se hace notar cuando se pone más fuerte a la hora de centrifugar.

Un error muy extendido acerca de la meditación es que se trata de intentar "dejar la mente en blanco" o "vaciar la mente". Esto es misión imposible (te invito a que lo pruebes ahora por unos minutos, ahora), y tampoco es el objetivo de la meditación. No intentamos rechazar los pensamientos, ni tampoco blindarnos de alguna forma ante ellos para calmar la mente. Simplemente intentamos ser conscientes de cualquier cosa que ocurra en el momento presente, incluyendo los pensamientos. Intentamos hacerles sitio, observándolos como pensamientos y dejándolos estar.

OBSERVAR EL CONTENIDO DE LA MENTE SIN IDENTIFICARNOS CON LOS EVENTOS MENTALES

Dicho de otra manera, en la práctica de la atención consciente intentamos observar nuestros pensamientos, en vez de identificarnos con ellos. Normalmente, cuando surge un pensamiento, solemos tomarlo al pie de la letra, solemos creer lo que nos está diciendo, y luego vemos el mundo desde la óptica de este pensamiento. Por ejemplo, puede ocurrir que durante el escaneo del cuerpo pienses "No lo puedo hacer, más vale que lo deje". Si no tienes cuidado, creerás lo que te dice ese pensamiento y abandonarás, pero si tienes suficiente mindfulness como para notar que eso no es más que un pensamiento, luego puedes dejarlo estar y seguir con el escaneo. Es importante recordar que "los pensamientos no son hechos, incluso cuando dicen que lo son". Por supuesto, no es que todo lo que pensamos sea mentira, solo que no todo lo que pensamos es cierto, ni nos ayuda, y mindfulness nos ayuda a notar los pensamientos sin tomarlos forzosamente al pie de la letra, sin "entrar al trapo".

Esta capacidad de notar nuestros pensamientos sin creerlos se hace más o menos difícil según el tipo de pensamiento. Algunos pensamientos son bastantes intrascendentes, y por tanto no vienen con una "carga" emocional fuerte: por ejemplo, "¿Qué como hoy?" Es bastante fácil notar un pensamiento así y luego soltarlo. Hay otros pensamientos que, aunque siguen siendo bastante insignificantes, parecen más urgentes, por ejemplo, "Hace bastante tiempo que no hablo con Belén, debería llamarla ahora". A veces es bastante difícil resistirnos a llamar a Belén ahora mismo, aun cuando hayamos decidido meditar durante media hora. Tendemos a "entrar al trapo" de los pensamientos así, como si se tratara de hechos – "Tengo que llamar a Belén ahora" – cuando en realidad podríamos llamarla en otro momento. Algunos pensamientos vienen con una fuerte carga emocional, y puede resultar muy difícil simplemente observarlos como tal. Podría ser un pensamiento como, "Lo que me dijo mi jefe ayer no fue justo, tengo que dejarle las cosas bien claras."

EJERCICIO CON LOS PENSAMIENTOS

Siéntate en un lugar tranquilo, con el libro y un bolígrafo, a continuación realiza el siguiente ejercicio:

Apunta todos los pensamientos que notas. Incluso pensamientos como "no estoy pensando nada".

Ahora cierra los ojos. Observa cualquier pensamiento que surja y cuando lo notes, etiquétalo con la palabra: "PENSAMIENTO".

ESCUCHANDO LOS SONIDOS CON ATENCIÓN CONSCIENTE

Una forma de practicar el notar los pensamientos y dejarlos ir es escuchar los sonidos. La mayoría de los sonidos se producen independientemente de nosotros, no tenemos control sobre ellos: Aviones, tráfico, gente hablando, la radio de un vecino, cortadoras de hierba, una perforadora en la calle. Sería inútil intentar evitar que ocurrieran los sonidos, esto nos llevaría a la frustración. Del mismo modo, no podemos evitar que surjan pensamientos en nuestra mente. Lo que podemos hacer es verlos ir y venir, o tal vez quedarse un rato, como lo hacen los sonidos.

Meditación 3:

Ejercicio escuchando los sonidos

Esta meditación funciona mejor si estás en un lugar donde hay algunos sonidos, de lo contrario, sería una práctica diferente: ¡Escuchando el silencio! A pesar de que esta es una práctica encantadora en sí misma, no nos ayudaría a practicar el observar y dejar ir. Si tienes acúfenos o percepción de zumbido en los oídos, tal vez prefieras probar esta práctica en el contexto de la práctica del siguiente capítulo: Trabajando con experiencias difíciles.

Cierra los ojos y escucha ... no necesitas hacer ningún esfuerzo especial, solamente escucha los sonidos que estén ocurriendo en este momento: personas que pasan caminando, automóviles acelerando, la radio de un vecino, el zumbido de un electrodoméstico ...

Permite que los sonidos vengan a ti, sin esforzarte por escuchar ni tampoco por intentar silenciar algún ruido que no desees ... simplemente deja que todos los sonidos estén presentes, tal como están, algunos tal vez yendo y viniendo, otros constantes tal vez ...

Puede ser que te des cuenta de que quedas un poco atrapado en algunos sonidos: "¿Quién está hablando?", "¿Qué es ese ruido?", "¿Por qué mis vecinos tienen que tocar su música tan fuerte?" Está bien, solo nótalo y déjalos ir lo mejor que puedas ...

Si escuchas algo que no te gusta, ¿puedes sentir tu resistencia a ello, tu "no querer estar allí?" ...

O tal vez escuches un sonido agradable, como el canto de un pájaro o una canción en la radio. ¿Puedes sentir tu atracción hacia él, el deseo de enfocarte solo en este sonido? ...

¿Puedes soltar este querer y no querer, y ser solo un observador imparcial, simplemente permitiendo que cualquier sonido que surja esté allí? ...

Haz esto durante tres minutos más o menos.

TU EXPERIENCIA

Escribe acerca de tu experiencia al escuchar los sonidos. Tal vez quieras considerar alguna de las siguientes preguntas:

¿Qué escuchaste?

¿Pudiste notar algunos sonidos y dejarlos ir?

¿Hubo algún sonido que te cautivó?

¿Querías que algún sonido cesara?

GESTIONANDO LOS PENSAMIENTOS CON MINDFULNESS

No es fácil ver los pensamientos como eventos mentales y dejarlos ir, esto requiere de algo de práctica. Si nunca has practicado la atención plena antes, lo más probable es que no notes cuando los pensamientos vienen a tu mente y solo te des cuenta de ello hasta un poco más tarde. En este caso, la práctica al principio será notar que has quedado atrapado en un pensamiento, y luego soltarlo. La forma en que aprendemos es primero dándonos cuenta hasta después del evento, luego durante el evento y, finalmente, justo cuando el pensamiento viene a la mente.

Intentémoslo.

Meditación 4:
Mindfulness - Gestionando los pensamientos

Adopta una postura cómoda y cierra los ojos. Recorre brevemente todo tu cuerpo, notando y sintiendo todas las sensaciones presentes ...

Dirige ahora tu atención a la respiración, sintiendo los movimientos del cuerpo mientras inhalas y exhalas ...

¿Puedes notar cuándo surge un pensamiento en tu mente? ¿Puedes soltarlo y volver a la respiración? ...

¿Tal vez solo te des cuenta hasta que el pensamiento ha surgido y ya estás "dentro" de él? Si es así, solo mira si puedes soltarlo y volver a la respiración ...

Permanece con las sensaciones de la respiración y mira si puedes notar cuando surja en tu mente el siguiente pensamiento ...

¿Te es fácil soltar el pensamiento una vez que ha surgido? Si no, discutiremos esto en el próximo capítulo ... por ahora, continúa notando los pensamientos y déjalos ir lo mejor que puedas ...

"Con lo que contactamos, lo sentimos. Lo que sentimos, lo percibimos. Lo que percibimos, lo que pensamos, lo proliferamos. Lo que proliferamos, lo habitamos. Lo que habitamos se convierte en la forma de nuestra mente. La forma de nuestra mente se convierte en la forma de nuestro mundo".
Maddupindika sutta o *Sutta bolita de miel,*
Majjhima Nikaya (MN18)

TU EXPERIENCIA

Escribe acerca de tu experiencia al hacer esta práctica. Tal vez quieras considerar algunas de las siguientes preguntas:

¿Notaste los pensamientos al surgir en tu mente?

¿Pudiste dejarlos ir?

¿Hubo pensamientos que te alejaron de la respiración?

¿Notaste que habías sido atrapado por un pensamiento y luego volver a la respiración?

¿Hubo pensamientos que no pudiste dejar ir, o que siguieron volviendo?

EL VALOR DEL PENSAMIENTO DIRIGIDO

Siempre hay información disponible para nosotros:
¿Dónde se hallará la sabiduría?
HAROLD BLOOM

Puede que, leyendo este capítulo del libro, hayas quedado con la impresión de que estamos diciendo que pensar no es bueno, o al menos que no vale para mucho, ¡solo observa los pensamientos y suéltalos! Pero en realidad no es así. Pensar puede ser de un inmenso valor si se hace con plena consciencia y de forma dirigida, constructiva, incluso creativa.

Todo lo que hemos dicho más arriba tiene que ver con aquellos pensamientos sueltos, aleatorios, distraídos y semiconscientes que surgen por sí solos en la mente la mayoría del tiempo. Cuando nos dejamos llevar por los pensamientos de ese tipo, se podría decir que no pensamos, sino que somos pensados por el pensamiento ¡las cosas al revés!

A veces puede ser valioso pensar algo detenidamente, llegar a una conclusión si es posible, o al menos darnos cuenta de que todavía no es posible una conclusión. Por ejemplo, puede que tengamos que tomar una decisión que implique pensar en las posibles consecuencias de actuar de cierta manera, como, por ejemplo, "¿me mudo a otra casa?". Mientras intentamos pensarlo, es probable que nos hagamos conscientes de pensamientos sueltos y aleatorios que nos apartan de nuestro propósito. En este caso, nuestro enfoque sería los pensamientos conectados con la posibilidad de mudarnos, y los otros pensamientos, los "intrusos", los podemos tratar tal como hemos recomendado más arriba, o sea, nada más notándolos y soltándolos.

También es mejor emprender el pensamiento dirigido fuera de la práctica formal de meditación. La meditación tiene otros enfoques el cuerpo, la respiración, etc. y si usamos nuestro tiempo de meditación para resolver problemas, nunca llegamos a disfrutar de paz y tranquilidad. Por otro lado, si aprendemos a calmar y centrar nuestra atención en la meditación poniendo nuestra atención en el cuerpo y la respiración, es probable que como consecuencia encontremos que nuestros pensamientos llegan a ser más claros y nítidos durante el día.

Para profundizar en el tema de la reflexión meditativa te recomendamos la lectura del libro: *El arte de la reflexión - Mindfulness y sabiduría* (Ratnaguna, 2017).

MINDFUL MOVEMENTS - MOVIMIENTOS CONSCIENTES

Tu presencia más profunda
Está en el abrir y cerrar de tus manos,
Dos movimientos hermosamente equilibrados y coordinados
Como alas de un pájaro.
RUMI

Las meditaciones que hemos practicado hasta ahora las hemos hecho estando quietos: Ya sea acostados o sentados. Ahora vamos a presentar una meditación en movimiento. Consiste en una serie de movimientos de pie (algunos de ellos se pueden adaptar para realizarlos sentado en una silla). Su intención es apoyar y fomentar una sensación de estar enraizado, relajado y en contacto con la base y el centro de tu cuerpo.

Durante los movimientos, presta atención a las sensaciones en tu cuerpo. Observa con curiosidad las sensaciones que puedas notar. Nota cualquier tensión y, lo mejor que puedas, deja que tu cuerpo se suavice y se abra. Antes de comenzar los movimientos, y ocasionalmente entre ellos, mantente quieto por unos instantes, notando todas las sensaciones en el cuerpo, sintiendo la respiración, observando tu experiencia.

SACUDIR EL CUERPO

Entre los movimientos puedes intentar de vez en cuando sacudir tu cuerpo, sacudiendo las articulaciones. Sacudirse es una excelente manera de aliviar la acumulación de estrés en los tejidos corporales; esto estimula la circulación de los fluidos entre las articulaciones brindando así mayor soltura y amplitud. Los animales habitualmente se sacuden como una forma de descargar la tensión después de momentos de peligro o amenaza.

RESPIRACIÓN

Al ir explorando estos movimientos, toma en cuenta la respiración. No la contengas, déjala fluir de forma natural, y quizás quieras probar de vez en cuando exhalar por la boca. Esta es otra buena forma de liberar la tensión y de conectarte con la respiración. Para hacerlo, abre un poco la boca y exhala desde la parte posterior de la garganta, emitiendo un sonido como "ah" o "ha". Deja que la inhalación fluya por la nariz y luego exhala por la boca. Esta forma de respirar alarga de manera natural la respiración y calma el cuerpo.

ESCUCHA TU CUERPO

Puedes jugar un poco con estos movimientos. No vayas muy despacio porque te producirá un poco de rigidez. Ni vayas muy rápido porque así no podrás saborear las sensaciones. Finalmente, cuida de ti mismo mientras los haces. Obviamente, solo tú conoces tu cuerpo, y podría ser que uno o más de los movimientos descritos aquí no sean para ti. Solo tú lo sabes, así que escucha a tu cuerpo y sus necesidades. Si tienes una condición de salud delicada, es posible que quieras mostrar estos movimientos a tu médico o fisioterapeuta antes de hacerlos.

SON MOVIMIENTOS CONSCIENTES, NO MEROS EJERCICIOS

Los llamamos movimientos conscientes y no ejercicio, para resaltar que lo más importante no es la repetición sino la calidad de la atención durante la realización el mismo. Algunos movimientos están basados en chi kung y taichí, combinando suaves movimientos del cuerpo, concentración mental y respiración para mover la energía en el cuerpo.

Meditación 5:
Movimientos conscientes - primera secuencia

Postura de pie inicial

Ponte de pie con los pies separados a lo ancho de tus caderas y con las rodillas destrabadas, de tal manera que las piernas puedan doblarse ligeramente. Con los hombros y el rostro relajados y los brazos sueltos a los costados. Siente el contacto de tus pies con el suelo.

Después de completar cada movimiento, descansa de la manera que te parezca lo más apropiada y sigue el recorrido de la respiración durante algunos minutos.

El molinillo

Girando desde la cintura, permite que los brazos se muevan libremente, golpeando suavemente los costados en cada vuelta. Continúa así durante algunos minutos, girando solamente hasta donde la sensación sea natural.

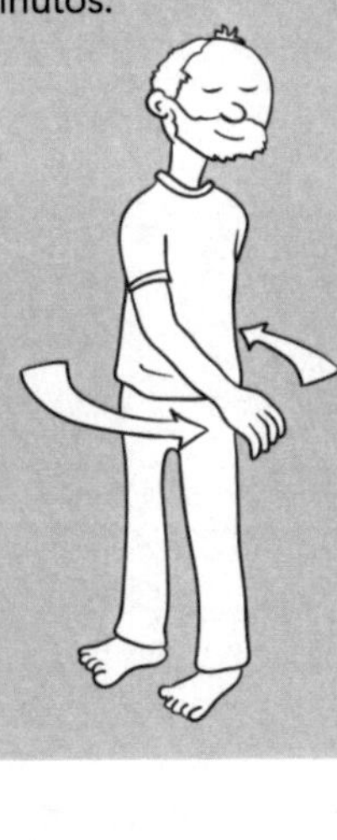

Rotación de hombros

Gira ambos hombros hacia adelante, llévalos hacia arriba hasta la altura de los oídos y luego hacia abajo. Cambia de dirección para unos cuantos giros más.

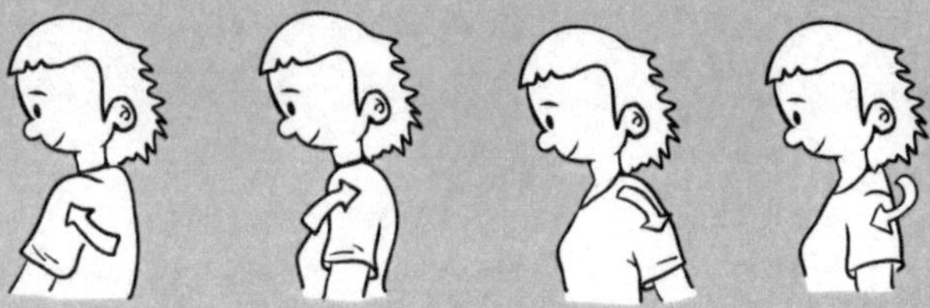

Dibujando círculos con la nariz

Giros suaves con el cuello: Dibuja pequeños círculos en el aire con la nariz, primero hacia la derecha y posteriormente hacia la izquierda.

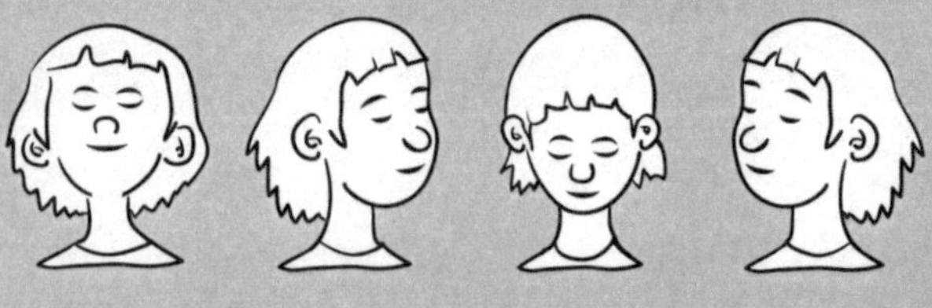

Estiramiento de brazos

Deja que las manos y brazos floten a ambos lados de forma paralela al suelo. Gira las palmas de la mano hacia arriba. Presiona hacia arriba y hacia los costados con las palmas de las manos, sintiendo el estiramiento a lo largo de los brazos.

Permite que tus manos se extiendan hacia el techo, estirando los dedos hacia arriba. Y si lo encuentras útil, puedes entrelazar los pulgares.

Suavemente deja que tus brazos desciendan hacia los lados.

Recogiendo una fruta del árbol

Estira hacia arriba el brazo derecho, con los dedos extendidos como si estuvieras tomando una fruta y deja que el talón izquierdo se levante del piso. Siente el estiramiento por todo el lado derecho del cuerpo. Deja que el brazo descienda suavemente hacia un costado. Y ahora repítelo con el brazo izquierdo.

Moviendo una pelota

Ponte de pie con los pies separados a lo ancho de tus caderas y con las rodillas destrabadas, de tal manera que tus piernas puedan doblarse ligeramente, deja los hombros y el rostro relajado y los brazos sueltos a los costados. Con la espalda erguida sostén las manos frente al cuerpo, justo debajo del ombligo, con los dedos de una mano en dirección hacia los de la otra como si estuvieras sosteniendo una pelota grande pero ligera. Siente el contacto de tus pies con el piso.

Al inhalar permite que las manos se levanten hasta la altura del pecho, con las palmas hacia arriba. Gira las palmas y baja las manos hacia la altura del ombligo. Encuentra tu propio ritmo, siguiendo el ritmo de la respiración y continúa durante algunos minutos.

Inhala y nuevamente lleva las manos a la altura del pecho, al exhalar aléjalas del cuerpo. Cuando inhales llévalas de vuelta al pecho y cuando exhales permite que bajen a la altura del ombligo. Continúa de esta manera durante algunos minutos.

A lo largo del día, mira si puedes mantener un grado similar de atención a los movimientos que haces cotidianamente, al abrir una puerta, tomar una lápiz del escritorio, encender la luz, etc.

TU EXPERIENCIA

Escribe lo que hayas notado al hacer los movimientos, las sensaciones físicas, pensamientos, sentimientos, juicios que tuviste acerca de los movimientos o de ti. Tal vez quieras escribir cómo te sientes ahora después de haberlos hecho:

Sensaciones físicas:

Pensamientos:

Sentimientos:

Juicios:

MINDFULNESS EN ACCIÓN 3: HACER UNA PAUSA

Mediante mindfulness podemos aprender a transformar cualquier momento en el que podríamos sentirnos víctima de las circunstancias en un momento de honestidad, iniciativa y confianza (Burch, 2014).

¿Cuántas veces al día dejas lo que estás haciendo y tomas un descanso? ¿Realmente tomas un descanso y no haces nada por unos instantes? La mayoría de las personas que conozco van de una actividad a otra a lo largo del día, difícilmente toman una pausa para respirar. ¡Muchas personas ni siquiera se detienen a tomar una taza de té! Encienden la tetera y van a trabajar un poco más, y vuelven una vez que esta hierve. ¡Qué eficiente! Luego beben el té mientras trabajan.

¿Vives tú así? Está muy bien tener una vida plena, pero una vida sin interrupciones no es buena para nosotros, nos mantiene en el modo hacer y esto es una de las causas del estrés.

Por ello esta semana te invitamos a tomar un descanso, de hecho, tomar muchos descansos a lo largo del día. No tienen por qué ser descansos largos. No tienes que hacer una pausa de quince minutos para tomar el té, aunque eso sería maravilloso, pueden ser por solo un minuto, o incluso tan solo para hacer unas cuantas respiraciones. Estas pausas sumadas pueden convertirse en diez o quince minutos. ¿Puedes incluir todo este tiempo en tu apretada agenda? (Y si la respuesta es no, entonces no hay duda de que estás estresado). Pero tal vez si tomaras más pausas conseguirías hacer más, o tu trabajo sería de mejor calidad. Cuando estamos constantemente en movimiento tendemos a quedar exhaustos, nuestra mente se cansa, y terminamos poniendo menos atención a lo que estamos haciendo. Y entonces no hacemos nuestro trabajo tan bien como podríamos. Tal vez tomar descansos con regularidad al final es más eficiente.

Estas son algunas ideas que podrían ayudarte a tomar más descansos:

- **Date permiso:** Es interesante que en nuestros talleres cuando le pedimos a la gente que no haga nada durante unos cuantos minutos, a menudo comentan, ¡"fue increíble poder permitirme no hacer nada"! Así que, date permiso para no hacer nada, para tomar un descanso de la actividad, varias veces al día. Al final del día te sentirás mucho mejor.
- **No hacer otra cosa:** Deja completamente lo que estés haciendo, realmente permítete tener un descanso. Deja de hacer, deja de ser productivo o útil, se inútil por un rato. Descansa.
- **Date unas vacaciones del modo hacer:** El modo hacer es fantástico, ¡permite que las cosas se hagan! Pero no necesitamos estar todo el tiempo en él. Hacer una pausa significa movernos del modo hacer al modo ser durante por un rato. Cuando estamos en el modo ser simplemente estamos, aquí, en este momento, totalmente presentes, relajados pero alertas. Así que simplemente ¡no hagas nada!
- **Toma muchas micro pausas:** Si sientes que no tienes tiempo para tomar descansos de cinco a diez minutos de duración, haz muchas pausas diminutas. Solo cierra los ojos y sigue la respiración durante tres respiraciones; mira por la ventana durante treinta segundos; ponte de pie si has estado sentado, o siéntate si has estado de pie o caminando.
- **Cambia de actividad:** Si has estado haciendo una cosa durante la última hora, haz algo distinto por un rato. A veces estamos muy metidos en algo y puede ser un gran alivio hacer otra cosa. "Un cambio es tan bueno como un descanso".
- **Aléjate de la tecnología:** Si trabajas con un ordenador, apártate por un tiempo, apaga el teléfono o por lo menos no lo respondas. Solíamos vivir sin estas cosas. Ahora tendemos a ser tiranizados por ellos.
- **Entra en contacto con tu cuerpo:** Si estás haciendo algún trabajo que implica un esfuerzo mental, como escribir o trabajar con el ordenador, haz algo con tu cuerpo. Ponte de pie, estírate, da un paseo muy pequeño, acuestate, o simplemente cierra los ojos y

nota las sensaciones en tu cuerpo; la sensación de las plantas de los pies en contacto con el suelo, las manos descansando en tu regazo, la respiración fluyendo hacia adentro y hacia fuera.

Tómate unas vacaciones de ser alguien
Tómate unas vacaciones de estar en algún lugar
Tómate unas vacaciones de estar en un momento
Tómate unas vacaciones de estar en el ahora
Tómate un descanso de querer cosas
Unas vacaciones de las esperanzas
Permite, al final, que nada suceda
Tómate un descanso del temor por las cosas
Deja que el universo haga lo que le plazca
Lo hará de todas maneras
El universo está de vacaciones
¿Por qué no tú?
KAMALASHILA[9]

Meditación 6:
Pausa mindfulness en 3 pasos

Realizar esta práctica es una manera de poner una pausa a nuestras actividades. Durante esta pausa no hacemos nada, y simplemente quedamos quietos y tranquilos por tres minutos. Puedes sentarte tranquilamente en una postura cómoda, o si lo prefieres, puedes estar de pie, tumbado o adoptar otra postura de tu elección. Esta es una muy buena manera de ayudarte a tomar más conciencia de lo que estás haciendo, cómo te sientes, etc. Puedes intercalarlo dentro de tus actividades a lo largo del día a intervalos regulares. Puede que te sea útil usar un temporizador para acordarte de parar a intervalos regulares y cronometrar los tres minutos del "descanso para respirar".

1. Toma conciencia:

Adopta una postura elegante y erguida que te permita conectar con el momento presente. Cierra los ojos, si es posible. Y pregúntate:

"Cuál es mi experiencia ahora mismo ... en términos de pensamientos ... sentimientos y sensaciones físicas".

Reconoce y registra tu experiencia tal como es en este momento incluso si hay aspectos que no gustan.

2. Enfoca:

Redirige tu atención a la respiración, siguiendo el recorrido de cada inhalación y cada exhalación, una y otra vez. Tu respiración puede funcionar como ancla para traerte al momento presente y ayudarte a entrar en un estado de conciencia y calma.

3. Amplía:

Amplía tu campo de conciencia desde la respiración, de modo que incluya una sensación del cuerpo en su totalidad, tu postura y tu expresión facial. Finaliza tomando en cuenta el entorno en el que estás. Abre los ojos.

Esta pausa Mindfulness te brinda una manera inmediata de salir del piloto automático y reconectar con el momento presente. Puede ser de tres o cinco minutos, lo que puedas disponer, lo importante es recordar estos tres pasos.

LOS SEIS PASOS HACIA LA ECUANIMIDAD[10]

La ecuanimidad es un estado mental de estabilidad emocional, equilibrio y calma, especialmente cuando estamos bajo estrés o presión. La palabra ecuanimidad viene del latín *aequus*, que significa balance o equilibrio, y *animus*, espíritu o estado interno. Así, la ecuanimidad, es un estado interno de equilibrio.

Usualmente, cuando estamos con estrés buscamos suprimir o tratar de tapar los sentimientos difíciles que estamos experimentando: negando, evitando, pretendiendo hacer ver que estamos bien. A esto lo llamamos "ahuyentar o bloquear nuestra experiencia". O nos sentimos abrumados, sentimos que no podemos hacernos cargo, y que nos estamos hundiendo bajo esta presión. A esto lo llamamos "ahogarse o abrumarse en nuestra experiencia". La ecuanimidad es un estado en el cual contenemos las experiencias difíciles con calma, un estado de equilibrio entre "ahuyentar" y "ahogarse". Los siguientes seis pasos son una especie de mapa que nos puede ayudar a navegar en nuestra experiencia:

PASO 1: CONCIENCIA DE LAS SENSACIONES REALES EN CADA MOMENTO

- Mindfulness: Prestar atención a lo que realmente está sucediendo en el momento presente.
- Nuestra experiencia real en el momento presente muchas veces no es lo que pensamos que es.
- Aprender a prestar atención a una sola cosa a la vez, y a traer la mente de vuelta cuando se dispersa.
- Necesitaremos desarrollar esta capacidad un poco antes de emprender los cinco pasos siguientes del proceso.

PASO 2: ACERCARNOS/AFRONTAR LO DESAGRADABLE O DIFÍCIL

- Permitir que cualquier cosa que actualmente estamos encontrando difícil o dolorosa simplemente esté, enfocándola con una actitud suave, tierna, amable y sin juicios.
- Dos cualidades nos apoyarán en este paso: la aceptación y la autocompasión.
- Se puede comparar con la actitud que podrías tener ante un niño que acaba de herirse, el impulso natural es acercarte, cuidarlo y abrazarlo.

PASO 3: IR AL ENCUENTRO DE LAS SENSACIONES AGRADABLES O PLACENTERAS

- Hacernos más receptivos a los aspectos agradables del momento presente.
- A veces, cuando estamos sufriendo, es fácil perder de vista el hecho de que haya partes de nuestra experiencia que son agradables; tomar iniciativa a la hora de buscarlas.
- Dos cualidades nos guiarán en este paso: curiosidad y aprecio.
- Ejemplo: sensación agradable de calidez en las manos, una sensación agradable en el abdomen, un rayo de sol que entra por la ventana atravesando la sala, la compañía de un amigo o amiga.
- No estás intentando distraerte de los aspectos desagradables de tu vida estás permitiendo que estos queden en un segundo plano dentro de tu conciencia.

PASO 4: AMPLIANDO NUESTRA CONCIENCIA PARA CONVERTIRNOS EN "UN RECIPIENTE MÁS GRANDE"

- Ampliamos nuestro campo de conciencia para incluir y mantener conscientes simultáneamente tanto los aspectos desagradables como los aspectos agradables de nuestra experiencia en el momento presente.
- Como cambiar el enfoque de una cámara, cambiando el zoom, que solo puede enfocarse en un aspecto determinado de la experiencia, por una lente de gran ángulo, capaz de englobar toda la experiencia.
- Dejar que todo surja y se desvanezca momento a momento, soltando nuestra tendencia a rechazar lo desagradable o aferrarnos a lo agradable.
- Durante este paso cultivamos este sentido de ecuanimidad, apertura y receptividad a la experiencia, tanto interna como externa.

PASO 5: CONEXIÓN Y HUMANIDAD COMPARTIDA

- La práctica del mindfulness incluye también la conciencia de los demás. Los aspectos de mindfulness mencionados hasta ahora –habitar tu cuerpo instante tras instante y familiarizarte con tus sensaciones, tus emociones y tus pensamientos– alientan la conciencia de uno mismo. Desde este fundamento puedes expandir tu conciencia ubicándote imaginariamente en la piel de los demás. Todos tenemos un cuerpo que experimenta sensaciones, todos tenemos pensamientos y emociones y todos tratamos, de formas muy parecidas, de evitar el dolor y aferrarnos al placer.
- Nos desplazamos de lo individual a lo universal, del aislamiento a la conexión.
- El cultivo de una actitud amable y bondadosa hacia ti puede establecer el fundamento desde el que expandir tu amabilidad a los demás.

PASO 6: LA ELECCIÓN

- Aprender a elegir responder en vez de reaccionar ante los aspectos desagradables y difíciles de tu vida.
- Los seis pasos nos permiten tener una sensación de espacio alrededor de nuestra experiencia.
- Nos posibilitan darnos cuenta o percatarnos, de que, aunque posiblemente no podamos quitarnos de encima las experiencias difíciles o desagradables inmediatamente, sí que podemos al menos elegir cómo responder ante ellas.
- Vivir bien no significa conseguir lo que quieres, sino elegir cómo responder ante cualquier cosa que la vida te ponga delante.
- La elección está como paso final porque es más fácil tener un sentido de "espacio" a partir de los pasos anteriores.

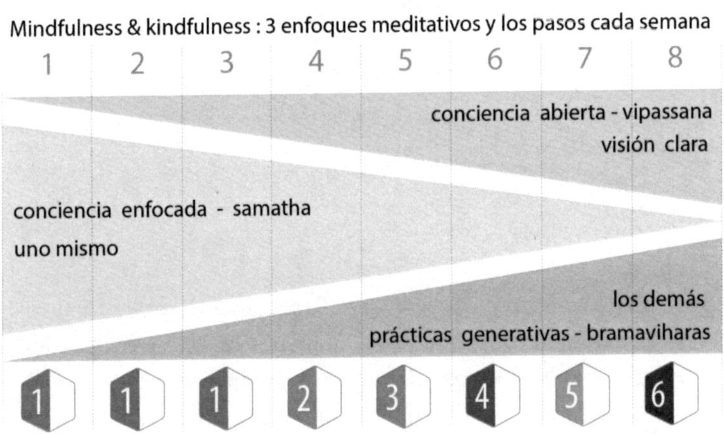

TAREAS PARA LA SEMANA 3

Meditación:
Llevar a cabo al menos una vez la meditación 3: Escuchando los sonidos". Al menos una vez al día te recomendamos practicar la meditación 4: Gestionando los pensamientos (puedes alternar con la meditación "mindfulness de la respiración"). Y por último, utilizar la meditación: "Pausa mindfulness en 3 pasos" para introducir mindfulness en pequeñas pausas o intervenciones en tu trabajo o actividad cotidiana.
Audios en el siguiente enlace:
https://www.respiravida.net/Audios-libro-mindfulness-kindfulness-estres

Utilizar el eslogan: "Los pensamientos no son (necesariamente) los hechos".

Movimientos conscientes: Te recomendamos practicar la meditación 5 – secuencia I, al menos en dos o tres ocasiones durante la semana. Si bien los movimientos tienen un apartado especial realmente es una meditación en movimiento.

Mindfulness en Acción 3: Haz una pausa.

Caminata con atención consciente, hazlo al menos durante 6 días. Utiliza una caminata que ya realizas a diario. Durante esta semana pon especial atención a tu cháchara mental, las historias que te cuentas. No intentes no pensar, solo nota lo que estás pensando y mantén tu atención enraizada en el cuerpo, la respiración y el movimiento.

SEMANA 4
TRABAJANDO CON EXPERIENCIAS DIFÍCILES

La compasión que sana el mundo,
La compasión nacida de la vacuidad,
Resistente como el diamante y tierno como un pétalo,
Que trae paz a los corazones salvajes y turbulentos,
da a luz al amor
Todo el día, toda la noche, a raudales, compasión, baja a raudales,
A raudales como la lluvia sobre este mundo sin compasión, perdido...
Baja a raudales, a raudales, a raudales...
URGYEN SANGHARÁKSHITA

DEJANDO SER A TU EXPERIENCIA

En la primera semana presentamos el concepto de experiencia primaria y secundaria. Cuando suceden cosas difíciles tendemos a pensar mucho sobre lo que ha pasado, analizamos y tratamos de resolver el problema, hacemos juicios acerca de lo que pasó y tenemos todo tipo de sentimientos. La experiencia directa de lo difícil la llamamos experiencia primaria; los pensamientos, juicios y sentimientos que surgen lo llamamos experiencia secundaria. La experiencia secundaria es básicamente una manera de resistirnos y rechazar a la experiencia primaria. Paradójicamente, la experiencia secundaria añade más estrés.

La manera del mindfulness de tratar con experiencias difíciles o desagradables es estar con nuestra experiencia directa y no engancharnos con nuestros pensamientos, juicios y sentimientos acerca de ellas. Para hacer esto necesitamos acercarnos y afrontar de manera activa lo difícil o desagradable. Esto también implica soltar todas las estrategias para superar los obstáculos que estamos experimentando.

En el caso de dolor, por ejemplo, existen evidencias científicas de que las personas que son naturalmente más conscientes (*mindful*) tienden a experimentar menos dolor, tal vez porque lo aceptan más fácilmente y no pasan tanto tiempo pensando y preocupándose por él (catastrofizando, rumiando, proliferando, etc.) (Zeidan, 2018).

Las columnas que presentamos más abajo muestran dos maneras diferentes de lidiar con las cosas que no queremos en nuestra vida. Puedes intentar evitarlas, en tal caso las tratas como si fueran tus enemigos. Esta es una reacción instintiva natural, pero tiende a perpetuar nuestro problema, "aquello a lo que uno resiste, persiste". La manera de mindfulness, de acercarnos o afrontar las experiencias difíciles o desagradables en nuestras vidas, es de manera curiosa, amable y con aceptación. Esto que estamos proponiendo va en contra de nuestra intuición (contraintuitivo), y no se siente como que sería la mejor cosa que hacer, pero inténtalo por un par de semanas y ve qué pasa, después de todo no tienes nada que perder.

MODO DE ACERCAMIENTO	MODO DE EVITACIÓN
Amabilidad	Brusquedad
Calidez	Frialdad
Interés	Negación
Curiosidad	Severidad
Aceptación	Rechazo

¿CÓMO GESTIONAR LOS PENSAMIENTOS?

Probablemente ya habrás notado que soltar un pensamiento es más o menos difícil dependiendo del tipo de pensamiento que estés teniendo. Algunos pensamientos pueden ser muy difíciles de soltar porque traen con ellos una fuerte carga emocional.

Supongamos que esta mañana tuviste una discusión con alguien a quien quieres. Dijo cosas hirientes y tu respondiste con algunas verdades. Ahora te sientes muy mal, herido e incluso culpable por algunas de las cosas que dijiste, además de un poco nervioso porque volverás a verle más tarde. Si te sientas a meditar con la respiración, ¿qué crees que va a pasar? Sin duda, pensarás en la discusión, pasando una y otra vez por tu mente, sintiendo el dolor, la injusticia de algunas de las cosas que dijo, sintiéndote enojado y pensando en lo que ojalá hubieras dicho. Entonces, intentas llevar tu atención a la respiración. ¿Cuánto tiempo crees que podrás quedarte con la respiración antes de que los pensamientos sobre la discusión vuelvan? ¿Tres segundos tal vez? Vuelves a pensar en algo que dijo y por un momento te sientes herido y enojado, luego vuelves a la respiración. Tres segundos después, de repente pensaste en otra cosa que deberías haber dicho. Eso te mantiene distraído durante unos minutos antes de darte cuenta de lo que estás haciendo. Vuelves a la respiración, y así sucesivamente, la respiración-la discusión-la respiración-la discusión-la respiración...

El caso es que los sentimientos sobre la discusión están llamando tu atención. Tendrías que ser un robot para poder simplemente olvidarlo y prestar atención a la respiración, (por supuesto, que un robot no habría tenido una discusión, pero ese es otro asunto). Los pensamientos llaman tu atención porque la relación con este ser querido es importante para ti. Estás herido y preocupado y debes prestar atención a esto. Lo que solemos hacer, sin embargo, es prestar atención a los pensamientos sobre la discusión: Lo que dijo, lo que dijiste, lo que deberías haber dicho, lo que dirás cuando lo veas esta noche, lo que esperas que diga, etc. En la práctica de la atención plena, vamos, por así decirlo, por detrás de los pensamientos, hacia los sentimientos y las emociones, y nos permitimos sentirlos completamente. ¿Dónde los sentimos? En el cuerpo. Sentado, permitiéndote sentir, mira si puedes ubicarlos en tu cuerpo.

Ahora, en lugar de tratar de alejar tu mente de la discusión, los sentimientos y las emociones evocadas por la discusión se convierten en tu meditación. Puedes respirar con estos sentimientos. Inhalar y exhalar con la ira, el dolor, el arrepentimiento y demás. Eso es todo lo que necesitas hacer.

Por supuesto que no todos los pensamientos cargados son desagradables. Si te vas a casar en un par de días o de vacaciones mañana por la mañana, cuando te sientes a meditar, probablemente surjan pensamientos sobre la boda o las vacaciones porque estás feliz y emocionado. Con las experiencias positivas puedes hacer lo mismo que con la experiencia negativa: trata de no quedar atrapado en los pensamientos acerca de la boda o las vacaciones –planificación, preocupación, recordar telefonear a los proveedores del catering– más bien siente la emoción, la felicidad de la ocasión, y medita con ello.

LA PARADOJA DE MINDFULNESS

En el corazón de la práctica de la atención consciente encontramos una paradoja: Si quieres ir de **A** a **B**, ¡realmente tienes que estar en **A**! Por ejemplo, digamos que quieres ir de un estado de ansiedad a uno de calma.

A ⟶ B

En vez de esforzarnos por detener la sensación de ansiedad y comenzar a sentirnos en calma (¡lo cual tiende a hacernos sentir mayor ansiedad!), lo que realmente necesitamos hacer es simplemente sentir y notar en el cuerpo la ansiedad, explorar las sensaciones, sentir curiosidad por como se perciben y las notas. ¿En qué parte del cuerpo se sienten? ¿Qué se siente en realidad?

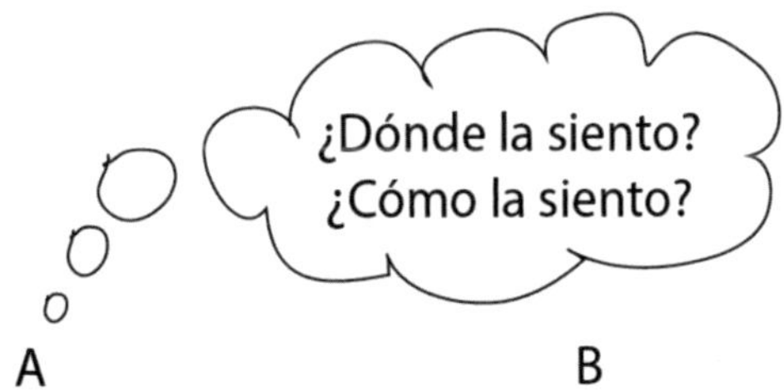

Con tan solo traer la atención a las experiencias desagradables o difíciles la experiencia cambia, aunque sea ligeramente. Cuando traemos la atención a una situación, traemos también un poco de calma a ella. En lugar de tratar de llegar a **B**, **B** viene hacia nosotros simplemente a través de estar atentos.

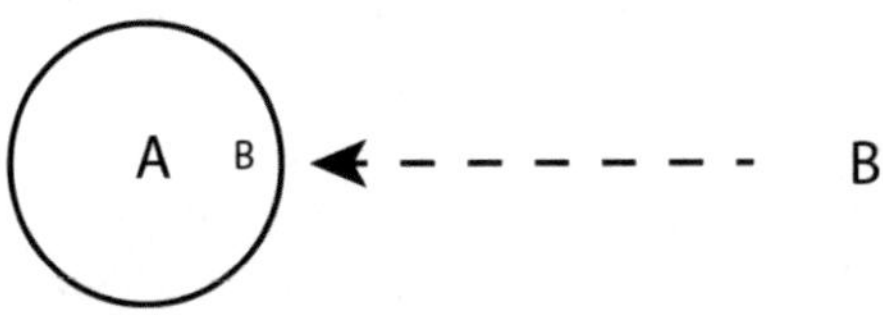

Volviendo al tema del modo hacer y ser, en vez de poner en marcha el modo hacer para arreglar el problema de la ansiedad, simplemente "estamos" con nuestra ansiedad. Pero tengamos cuidado. "**A**", la ansiedad en este caso, no es la experiencia secundaria (los pensamientos, sentimientos adicionales, juicios, análisis y resolución de problemas); no es todo lo que acompaña a nuestros sensaciones de ansiedad. "**A**" es la experiencia primaria, nuestra experiencia directa sentida de la ansiedad.

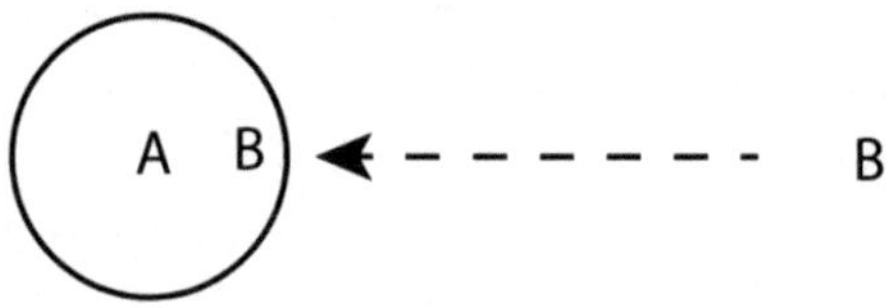

Al principio puede que no notes el efecto calmante de mindfulness, especialmente cuando tu experiencia primera (de ansiedad o lo que sea) es muy intensa.

Pero si continúas prestando atención a tu conciencia de la ansiedad, puede que notes "un pequeño oasis de calma en medio de la tormenta". Si continúas con la práctica, aceptando que esta es la manera como las cosas son en este momento, este pequeño oasis crecerá, y con más práctica ser hará más grande que la ansiedad.

Sea lo que sea **A**, cuando dejamos de resistirnos, de intentar alejarla, de tratar de no tenerla, y en su lugar permitimos que simplemente sea como tal y como es, descubrimos que, con el tiempo, los sentimientos disminuyen y se calman. "Con el tiempo" puede ser mucho tiempo; no hay soluciones rápidas en el trabajo de atención plena. Mientras tanto, podemos permanecer con nuestra ansiedad o lo que sea **A** (nuestra experiencia primaria) en calma, aceptando que así son las cosas en este momento. Pero aceptar realmente significa aceptar. Si "aceptamos" una experiencia desagradable esperando que desaparezca, realmente no la estamos aceptando, estamos negociando con ella: "¡Te dejaré quedarte un rato si te vas pronto!" Estar en A significa realmente estar en **A**.

COSAS QUE NO PODEMOS CAMBIAR

Por supuesto que hay algunos aspectos de nuestra experiencia que no podemos cambiar. Quizás no te guste el clima británico, por ejemplo, y simplemente "aceptar esto" no va a transformarlo en un paraíso tropical. Más seriamente, si **A** es un dolor físico crónico, simplemente estar en **A** no va a llevarte a la situación de **B** libre de dolor. Aceptar estas situaciones inextricables no significa que van a desaparecer. Esto puede sonar muy desesperanzador. Sin embargo, si volvemos a la idea de experiencia primaria y secundaria, recordaremos que gran parte de nuestro sufrimiento surge porque resistimos y luchamos en contra de la experiencia desagradable. Si dejamos ir o soltamos esta resistencia (lo pensamientos inútiles, emociones negativas y juicios críticos), entonces nuestra experiencia primaria se hace más llevadera. Esto es en parte porque simplemente hay menos sufrimiento que gestionar, pero adicionalmente, mucha gente encuentra que dejar ir o soltar la resistencia a la experiencia desagradable lo alivia. Nuestra experiencia del dolor, de hecho cualquier experiencia desagradable, está fuertemente influenciada por nuestro estado mental. Simplemente se siente peor cuando luchamos contra ella.

"Mediante la atención consciente o mindfulness, podemos aprender a transformar cualquier momento en el que podríamos sentirnos una víctima de las circunstancias en un momento de honestidad, iniciativa y confianza" (Burch, 2014)

Meditación 7a:

Estar con una experiencia no deseada

Para esta práctica puedes elegir cualquier tipo de dificultad, aunque para empezar será mejor elegir algo que no sea demasiado difícil. Intenta practicar con algo con lo que sea relativamente fácil trabajar, más adelante, a medida que vayas teniendo más experiencia, podrás elegir algo más difícil. Como verás, hemos incluido dolor físico y otros tipos de molestias físicas; pero tú puedes trabajar con cualquier tipo de experiencia no deseada.

Adopta una postura lo más cómoda posible. Cierra los ojos y deja que tu atención se hunda en tu cuerpo ... Escanea todo tu cuerpo brevemente, para ir teniendo conciencia de todo el cuerpo.

Rinde el peso de tu cuerpo a la suave atracción de la gravedad, permitiéndole llevarte hacia la tierra ... observa si estás resistiendo a la gravedad de alguna manera, y si es así, mira si puedes soltar esta resistencia ...

Ahora descansa tu atención en las sensaciones de la respiración entrando y saliendo de tu cuerpo ... permite que el ritmo de tu respiración lo calme ...

Ahora, recuerda algo que esté sucediendo en tu vida que no quieres que suceda... ¿Cómo se siente? ...

¿Comienza tu mente a estar ocupada, discutiendo, luchando, buscando una salida? Si es así, mira si puedes abandonar el impulso de estar pensando en ello y tratar de resolverlo, en su lugar, permite simplemente sentirlo ...

¿Puedes localizarlo en tu cuerpo? ... Si te es posible, mira si puedes estar con esta sensación, explorarlo con curiosidad.

Si la experiencia no deseada es algún dolor físico o incomodidad, lleva a esta suavemente tu atención y déjala descansar sobre esta incomodidad, así como lo hiciste con las sensaciones de la respiración ...

Explora las sensaciones del dolor o incomodidad ... ¿Cómo son en realidad?... ¿Son constantes o cambian? ¿Son duras y sólidas, o son más suaves? ¿Puedes acercarte hacia el dolor, del mismo modo que lo harías ante un fuerte viento contra el que estás caminando?

O podría ser que tengas alguna otra experiencia física desagradable, como tinnitus, fatiga, cualquier cosa ... mira si puedes simplemente estar con lo que sea que estés experimentando ...

Si la experiencia se vuelve demasiado intensa, cuando lo desees puedes retroceder y llevar la atención hacia otro lugar, como las sensaciones de la respiración.

También puedes encontrar que tienes una fuerte resistencia a estar tan cerca de la experiencia, siendo así, podrías tratar de inclinarte hacia la resistencia misma ... ¿cómo se siente la resistencia? ...

Puede ser útil que al inhalar imagines que estás respirando hacia la experiencia... y luego que con la exhalación sueltas ... no la experiencia, sino tu resistencia hacia ella ...

Esto puede ser difícil, y puede que estés apretando los dientes con determinación, por así decirlo ... Si es así, tal vez podrías permitirte suavizar un poco, reconocer lo difícil que es esto que estás haciendo, y traer algo de amabilidad hacia ti mismo ... con suavidad y dulzura, como lo harías si un niño pequeño al que cuidabas se cayó y se lastimó su rodilla ... está en el suelo, molesto, adolorido ... ¿qué harías? Probablemente lo sostendrías en tus brazos, y esto le permitiría sentir el dolor y el malestar con más facilidad, con amor y compasión ... ¿puedes tener esta misma actitud hacia ti mismo? ...

Ahora amplía tu atención, tomando conciencia una vez más de todo tu cuerpo y la respiración ... y la habitación en la que te encuentras y cuando estés listo, abre los ojos.

TU EXPERIENCIA

Escribe sobre tu experiencia al hacer esta práctica.

¿Cuál fue la experiencia no deseada?

¿Cómo fue estar con esta experiencia?

¿Surgieron algunos pensamientos, juicios o sentimientos con relación a la experiencia? Si fue así, ¿cuáles fueron?

¿Pudiste soltar esos pensamientos y volver a la experiencia primaria?

¿Pudiste traer una intención amable hacia tu experiencia?

Meditación 7b:
Gestionando pensamientos cargados

En la práctica de meditación tal vez has comenzado a notar que hay algunos pensamientos que siguen volviendo una y otra vez, que no podemos simplemente dejarlos ir... y si es esto lo que estás experimentando probablemente signifique que se trata de pensamientos cargados emocionalmente... Si este es el caso, entonces podemos trabajar con ellos de la siguiente manera.

Toma unos instantes para ponerte cómodo ... ya sea sentado o acostado ... dándote un tiempo, antes que nada, para estar con las sensaciones en todo el cuerpo ... comenzando tal vez con la cabeza ... simplemente explorando tu cuerpo suavemente, notando cómo está ahora ... ... sintiendo el contacto con la superficie en la que te encuentras ... los puntos de contacto entre ti y esta superficie en la que estás recostado o sentado ... las partes de tu cuerpo que están en contacto con el suelo ...

Comienza la práctica sintiendo lo mejor que puedas realmente tu presencia aquí en este momento ... notando que estás respirando ... sintiendo la respiración en el cuerpo al inhalar y al exhalar ... reconociendo que estás respirando ... reconociendo que estás exhalando ... observando tus pensamientos, tomando la elección de dejarlos ir, lo mejor que puedas ...

Puede ser que lo estés practicando ... notándolos y dejándolos ir pero que comiences a notar que el mismo o los mismos pensamientos continúan volviendo, no importa cuántas veces hayas dejado ir cierto pensamiento, este sigue regresando, es algo que realmente está presente en tu mente ... si esto está sucediendo, es probable que este pensamiento esté cargado con una emoción... que sea algo que esté pidiendo tu atención ...

Explora ahora la posibilidad de quedarte con este pensamiento ... en lugar de dar un paso atrás e invitarle a continuar su camino, observa ¿qué se siente al estar con este pensamiento?

... préstale atención... pero trata de no quedarte atrapado en el contenido, en las palabras del pensamiento, la historia que te está contando ... ni siquiera tienes que etiquetarlo... pero fíjate si puedes ir por debajo de la historia hasta la emoción... ¿puedes llevar tu atención a las sensaciones de la emoción? ... ¿dónde las sientes? ... puedes ubicarlas en algún lugar de tu cuerpo? ... con curiosidad e interés ... permite completamente su presencia ... explorar la sensación ... ¿cómo es?

Esto puede ser algo incómodo, un poco difícil, así que ve con cuidado y amabilidad ... puede ser que los pensamientos sean sobre algo que te preocupe o te provoque ansiedad ... ¿puedes estar con estos sentimientos de preocupación? ¿de ansiedad? ... ¿dónde está la sensación? ¿Cómo es? ¿Puedes sentir curiosidad por esto? ... sin intentar alejarle, sino con un suave interés, acércate un poco más a las emociones que hay debajo de tus pensamientos ... permite su presencia ...

Puede ser útil respirar con la emoción ... respirando hacia ella con la inhalación y suavizando a su alrededor mientras exhalas ... usando la respiración como ancla para interrumpir el flujo de contenido y poder salir del pasado... de estar atrapado en los planes para arreglar alguna dificultad o deseando que la experiencia sea diferente ... en su lugar solo respira con lo que está allí ... y mira si puedes soltar con la exhalación cualquier resistencia o tensión ...

Suavizando alrededor de la emoción ... suavemente permitiéndole, si te es posible, estar allí si sin tensarte contra ella ...

Sintiendo el cuerpo en contacto con la silla o con el suelo ...

Vamos a concluir, puedes abrir los ojos y tomar conciencia del espacio que te rodea. Tómate el tiempo que necesites para concluir la práctica.

ACEPTACIÓN Y AUTOCOMPASIÓN

Aquí es donde comenzamos a ver el despliegue del segundo de los 6 pasos hacia la ecuanimidad: "Acercarse a lo desagradable. Aceptación y autocompasión".

Aceptar no significa aguantar, o resignarte, o resistir estoicamente. La aceptación proviene del latín *acceptare,* que significa "tomar o recibir voluntariamente", es entonces un estado positivo, activo, no pasivo ni negativo. Podríamos decir que es la voluntad de permanecer con nuestra experiencia, incluso cuando esta es difícil y dolorosa.

El mindfulness en su sentido más amplio incluye una cualidad emocional de calidez, amabilidad y compasión hacia uno mismo y los demás. Podemos decir que la atención consciente y la amabilidad son como dos alas de un mismo pájaro, son igualmente importantes, necesarias y se complementan entre ellas.

En la tradición contemplativa se dice que cuando *metta* (amor, bondad) se encuentra con el sufrimiento, se transforma en *karuna* (compasión). El concepto de autocompasión es la aplicación de la compasión hacia uno mismo.

"La autocompasión es darnos a nosotros mismos el mismo cuidado, consuelo y serenidad que de forma natural hacemos llegar a quienes queremos cuando están sufriendo, cuando fracasan o cuando se sienten inadecuados" (Germer, 2011).

TRES COMPONENTES DE LA AUTOCOMPASIÓN (NEFF, 2012)		
Mindfulness	Humanidad compartida	Amabilidad hacia uno mismo

Aceptación y autocompasión son los ingredientes necesarios para cultivar el segundo paso. Esto no sucede de un día para otro, requiere coraje y compromiso en el camino de transformar nuestros obstáculos, dificultades y dolor en una profunda experiencia de aprendizaje y enriquecimiento interior.

Hay numerosos estudios que evidencian como el cultivo de la compasión tiene un efecto en el bienestar y la salud. En un estudio cuasi-experimental llevado a cabo sobre profesionales de la salud de atención primaria, se observó un importante incremento en la autocompasión y los afectos positivos en el grupo en el que se aplicó el programa descrito en este libro (Pizutti, 2019).

MINDFULNESS EN ACCIÓN 4: ACEPTAR UNA EXPERIENCIA DIFÍCIL

"Cuando recibimos al dolor con amor,
el mundo del sufrimiento se disuelve".
S. Levine

No importa lo mucho que intentemos evitar las experiencias difíciles, no es posible evitarlas totalmente. Cada vida está llena de experiencias difíciles, incómodas, desagradables e incluso dolorosas; así como también experiencias más fáciles, de comodidad, agradables y encantadoras. El arte de vivir bien no consiste en tratar de desterrar lo difícil y admitir solo lo agradable y sencillo, sino en aprender cómo responder en lugar de reaccionar a los inevitables altibajos que la vida arroja en nuestro camino.

La actividad para esta semana consiste en ver si puedes estar con una situación difícil y aceptarla, en vez de luchar contra ella. Probablemente es mejor empezar a practicar con algo relativamente sencillo: Estar atrapados en el tráfico o esperando un tren que no llega, tener que hacer algo que preferirías no tener que hacer, sentirte irritado con el comportamiento de alguien o caminar bajo la lluvia (si no te gusta la lluvia). Una vez que has practicado estar con experiencias relativamente leves puedes pasar a algunas más difíciles.

La aceptación no significa simplemente soportar, renunciar, o incluso resistir estoicamente. Es más positivo que cualquiera de estos. También es más activo. Aceptación proviene del latín *capere*, que significa tocar. Cuando vas a una tienda de ropa y ves algo que te gusta –digamos un top o una camisa– ¿qué es lo que procede hacer a continuación después de ver la etiqueta de precio? Probablemente tocarlo. Averiguar cómo se siente. Esto nos da una idea de lo que entendemos por aceptación. Una disposición a experimentar, a sentir.

Es natural alejarse de las experiencias difíciles, endurecernos y protegernos ante ellas. Esto puede ser una buena estrategia para algunas cosas, pero si esta es nuestra posición habitual tendremos una predisposición a endurecernos ante la vida. Ya que no es posible endurecemos solo contra lo desagradable, cuando nos endurecemos contra lo desagradable nos endurecemos contra las cosas buenas también: la alegría, el afecto, la belleza, el amor. Aceptar una experiencia estresante, significa tocarlo, sentir su textura, su aspereza, su incomodidad. Si puedes aprender a hacer esto, probablemente notarás que experimentas las cosas buenas de la vida con mayor plenitud, de manera más vívida también.

Aprender a aceptar las experiencias difíciles fortalece nuestra tolerancia al estrés, es decir, que aprendemos a experimentarlas sin exaltarnos. Más bien, en lugar de reaccionar ante las situaciones y emociones difíciles, seremos capaces de estar con ellas con tranquilidad, fortaleza y madurez. La tolerancia al estrés es la habilidad de experimentar las situaciones estresantes sin reaccionar ante ellas. No consiste en endurecernos contra ellas. Las personas con un alto grado de tolerancia al estrés sienten las molestias, pero permiten que estas fluyan a través de ellos.

Te invitamos a hacer el siguiente ejercicio:

Ejercicio para cultivar la aceptación hacia una experiencia

La próxima vez que te encuentres ante una situación estresante, primero, simplemente nota qué está sucediendo, y qué es desagradable. ¿Dónde se siente el malestar? ¿En la cabeza, el estómago, el pecho, los brazos o las piernas? ¿O en algún otro lugar? Mira si puedes estar con las sensaciones desagradables sin reaccionar.

Reconocer que es difícil, que es una experiencia de sufrimiento. Podrías incluso decirte "este es un momento de sufrimiento". No te sientas culpable, en cambio, intenta tratarte a ti mismo como lo harías con un amigo o con un ser querido que está teniendo un momento difícil. Con amabilidad, consideración y suavidad. Después de todo, estás haciendo algo desafiante.

Utilizar la respiración puede ayudar, lleva tu atención a ella, especialmente sintiéndola descender por el cuerpo. Siente el abdomen expandirse y contraerse. Puedes imaginar que inhalas en la experiencia desagradable y en la exhalación mira si puedes dejar ir o soltar la resistencia a lo que está sucediendo.

Permitir que la situación difícil simplemente este ahí, tal cual es, sin tener que hacer nada al respecto. Mira si puedes mantener la atención, de una manera suave, apacible y tranquila. Inhalando la experiencia, exhalando la resistencia. Inhalando la incomodidad, exhalando amabilidad y ternura hacia ti mismo.

TAREAS PARA LA SEMANA 4

Meditación:
Practica la meditación gestionando los pensamientos cargados (7b). Alternar con la meditación escaneo del cuerpo (1b) y la meditación de estar con una experiencia no deseada (7a). Alternándola con la meditación mindfulness de la respiración.

Mindfulness en acción 4: Aceptar una experiencia difícil.

Utilizar el eslogan: "Aquello a lo que uno resiste, persiste".

Caminata con atención consciente, hazlo al menos durante cinco días. A la vez que notas toda tu experiencia pon especial atención a aquellos aspectos desagradables (pensamientos, molestias, emociones difíciles, etc.) que surjan mientras haces la caminata. ¿Cómo te relacionas con ellos? ¿Cuál es tu actitud con ellos?

Diario de eventos desagradables
Toma conciencia cada día de un evento desagradable que esté sucediendo. Usa las siguientes preguntas para centrar

tu atención en los detalles de la experiencia mientras está sucediendo. Y luego escríbela en este diario (Segal, *et al.*, 2006).

TU EXPERIENCIA

Escribe sobre tu experiencia cada día de la semana en un cuaderno a parte, respondiendo a las siguientes preguntas. A continuación te dejamos una respuesta de ejemplo para cada una de ellas.

¿Cómo fue la experiencia?

Estar en una cola en el supermercado y darme cuenta que voy a llegar tarde a una reunión importante.

¿Eras consciente de tus sentimientos mientras sucedía el evento?

Sí.

¿Cómo se sentía tu cuerpo durante esta experiencia? Anota la mayor cantidad de detalles posibles.

Tensión y ansiedad en el estómago, tensión en los hombros, manos sudadas.

¿Qué estado de ánimo, sentimientos y pensamientos han acompañado el evento?

Enfadado e impotente. Por qué siempre elijo la cola que tarda más. Tendrían que abrir más cajas. No quiero llegar tarde a la reunión.

¿Aprendiste algo de esta experiencia?

Debo intentar no hacer tantas cosas en un solo día.

SEMANA 5
SIÉNTATE. CELEBRA LA VIDA

Lo que piensas y ponderas,
esa será la inclinación de tu mente.
Dvedhavitakka Sutta (Majjhima Nikaya 19)

APRENDIENDO A NOTAR LAS COSAS BUENAS: EQUILIBRANDO EL SESGO HACIA LA NEGATIVIDAD

En el capítulo anterior nos enfocamos en las experiencias difíciles y aprendimos a trabajar con ellas con atención consciente, aceptación y amabilidad. Sin duda, todos tenemos dificultades en la vida, y aprender a estar con ellas sin reaccionar significa no añadir a nuestra experiencia un sufrimiento adicional innecesario, pero también suceden cosas buenas, y resulta fácil pasarlas por alto. Estar atento es prestar atención a lo que sea que esté sucediendo en el momento, pero hay muchas cosas a las que podemos prestar atención, y a lo que le prestemos atención determina, en cierta medida, nuestra experiencia.

Supongamos que te levantas pensando en las cosas que tienes que hacer durante el día. Una de ellas es darle a alguien una mala noticia, y sospechas que se lo tomará mal. De hecho, tienes un poco de miedo de que se enoje contigo.

Para la mayoría de las personas, el pensamiento de tener que hacer esto ocupará un lugar más importante en la mente que todas las demás cosas que tenga por hacer. Esto se debe a que en el cerebro tenemos lo que los neuropsicólogos denominan un sesgo hacia la negatividad, una fuerte tendencia a notar y obsesionarnos con los eventos y experiencias negativas. Hay una razón evolutiva para ello. Nuestros antepasados eran vulnerables a los ataques de depredadores y tribus hostiles, por no mencionar la enfermedad, la inanición, etc., por lo que para sobrevivir tenían que estar atentos a las amenazas. Tenían detectar el peligro antes que las oportunidades, porque si se perdían de una fruta que colgaba de un árbol, pasarían hambre durante un tiempo, mientras que si no se daban cuenta del tigre que se escondía entre los arbustos... (Hanson 2013).

Hemos heredado este sesgo hacia la negatividad, notamos las cosas malas antes que las buenas; operamos bajo el principio de más vale prevenir que lamentar. Y esto funciona bien desde el punto de vista de la supervivencia, pero no nos ayuda a disfrutar de una sensación de bienestar, tranquilidad y felicidad. Es difícil relajarse y disfrutar cuando estás en busca de posibles peligros. ¡Imagina intentar pasar un buen rato en una fiesta si crees que alguien quiere hacerte daño o nadar en el mar si sospechas que hay tiburones acechando cerca!

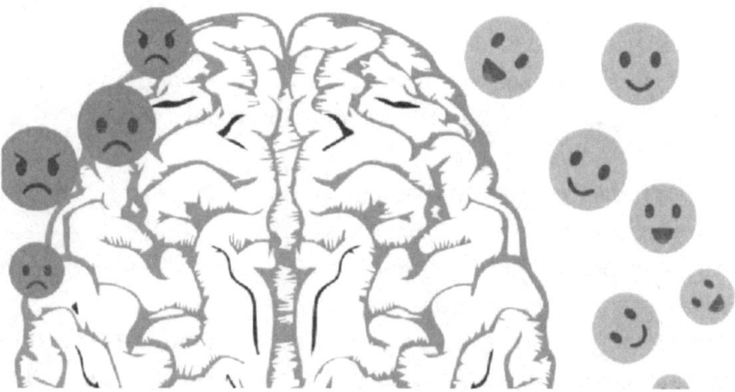

Nuestro cerebro evolucionó de esta forma para asegurar nuestra supervivencia, no para hacernos felices. Por ello tenemos que trabajar en contra de este sesgo hacia la negatividad, y lo hacemos dirigiendo nuestra atención a lo positivo: a las cosas buenas que suceden, a las experiencias placenteras. Esto no significa mirar el mundo a través de lentes color de rosa o "pensar positivamente"; significa tener una visión más equilibrada, más real de nuestra situación. No te preocupes, cuando haya un peligro lo notarás y podrás reaccionar adecuadamente, pero el reto es que no estés todo el tiempo tan vigilante y cauteloso.

Exploración:
Ir al encuentro de lo agradable

Pasa un momento mirando a tu alrededor cosas que encuentras agradables. Usa todos tus sentidos: vista, oído, olfato, tacto, sabor. Puede ser el color de una pared, la fragancia de una flor, la textura de la tela de un cojín.

Cuando encuentres algo, quédate por un momento y saborea el placer. Nota cómo vivencias o experimentas el placer.

Digamos que estás disfrutando de mirar al cielo ¿Dónde está el placer en esa experiencia? ¿Es solo en la vista, o sientes el gozo en otra parte, como en el área del corazón o en el estómago? De manera similar, si estás disfrutando del aroma del café, ¿está tu placer solo en la nariz, o lo sientes también en otras partes?

TU EXPERIENCIA

Escribe acerca de tu experiencia de ir al encuentro de lo agradable. Tal vez quieras considerar algunas de las siguientes preguntas:

¿Qué cosas te dieron placer? Trata de describir el placer que sentiste por cada cosa.

¿Qué sentidos estaban implicados?

¿Cómo te sientes ahora escribiendo acerca de tu experiencia?

¿Hubo pensamientos que no pudiste dejar ir, o que siguieron volviendo?

Además de notar lo negativo más fácilmente que lo positivo, tendemos a recordar más las experiencias desagradables que las agradables. Las experiencias negativas van directamente a nuestra memoria implícita, mientras que las experiencias positivas tardan un poco en hacerlo (la memoria implícita almacena experiencias, habilidades, etc., mientras que la memoria explícita almacena hechos, ideas, etc.). Como dice el neuropsicólogo Rick Hanson, las experiencias negativas son como el velcro: Se adhieren, mientras que las experiencias positivas son como el teflón, se nos resbalan (Hanson, 2011). También hay una razón evolutiva para esto: para nuestros antepasados las experiencias negativas a menudo eran peligrosas, y era más importante aprender de ellas que aprender de las positivas. Por ello cuando miramos hacia atrás en el día, la semana o el año, tendemos a recordar las experiencias difíciles y desagradables con mayor facilidad que las buenas.

TERCER PASO: IR AL ENCUENTRO DE LO AGRADABLE. CURIOSIDAD Y APRECIACIÓN

Pero tenemos una buena noticia. No estamos condenados al cerebro que nos ha tocado, sino que, gracias al cultivo del tercer paso (que incluye aprender notar lo agradable, aprender a recibir lo bueno), podemos entrenarlo. Debido a la característica plástica del cerebro, conocida como neuroplasticidad (Samita *et al.*., 2018), nuestro cerebro está en incesante cambio y adaptación en función de la experiencia, también podemos dirigir este cambio en una dirección más adecuada.

Además, a diferencia de los músculos del cuerpo que tienen un límite en su desarrollo, la ventaja que tiene el entrenamiento de la mente es que puede llevarse muy lejos y, de hecho, es ilimitado.

En definitiva, como dice el premio Nobel, Ramón y Cajal "todo ser humano, si se lo propone, puede ser escultor de su propio cerebro".

MINDFULNESS EN ACCIÓN 5: RECIBIR LO BUENO

Hasta ahora hemos estado refiriéndonos a los placeres sensoriales (placer hedónico, relacionado con el modo hacer), pero por supuesto hay otros tipos de placer. Uno de ellos es el placer basado en los valores (placer eudaimónico, relacionado con el modo ser), el disfrute que obtenemos de hacer cosas que son significativas para nosotros: La satisfacción de hacer un buen trabajo, el suave regocijo de un acto generoso, el cálido sentimiento de ayudar a alguien en una situación difícil, la emoción del éxito cuando alcanzas un objetivo que has estado buscando durante algún tiempo (Vázquez *et al.*, 2009). Este tipo de experiencias también pueden pasar inadvertidas.

En el próximo capítulo vamos a explorar este tipo de placeres con un poco más de detalle, pero por ahora vamos a realizar una práctica que nos permita observar todas las cosas agradables y buenas a medida que ocurren y luego permanecer con ellas durante un poco más de tiempo, permitiéndoles entrar a nuestra memoria implícita (Hanson, 2013b).

Esta práctica consta de tres partes (Hanson, 2013b)

1. Nota una experiencia agradable

Puede ser algo muy cotidiano, como alguien sonriéndote levemente a su paso, el sol brillando sobre tu escritorio mientras trabajas, o el recuerdo de algo bueno que sucedió durante el fin de semana. La mayoría de las experiencias positivas son bastante ordinarias y relativamente pequeñas, pero aun así ¡son reales! Tenemos muchas de estas experiencias todos los días, pero a menudo pasan inadvertidas.

Ahora, ya sea algo que esté sucediendo en este momento o una experiencia que recuerdas, permítete sentir el placer de su existencia. Permite que te afecte.

Observa cualquier resistencia que sientas para hacerlo, tal vez la idea de que no tienes tiempo, o que no lo mereces, o de que es egoísta o que, si te permites disfrutar del placer de estas pequeñas cosas, de alguna manera bajarías la guardia y permitirías que las cosas malas sucedieran.

Vuelve a la experiencia positiva, con apertura a ella, respírala y disfrútala.

2. Quédate con la experiencia

Permanece con la experiencia durante diez, veinte o incluso treinta segundos. Intenta no distraerte con otra cosa. Si te distraes, vuelve simplemente a la experiencia. Date permiso de verdad para disfrutarla. Suaviza y pon atención a la experiencia; deja que llene tu mente; llévala a tu cuerpo. Mientras más la mantengas en tu atención y más estimulante sea, más fuerte será la huella que deje en la memoria implícita.

3. Absorbe la experiencia

Ahora permite que la experiencia permee en ti. Simplemente quédate con ella y permítete sentirla. Como lo harías en un día frío y que el sol apareciera de repente, y dejarías entonces que el sol te calentara por completo, tanto por dentro como por fuera. O como si bebieras una taza de chocolate caliente en un frío día invernal y sintieras el calor dispersarse uniformemente a través de ti.

Tal vez te sea de útil saber que mientras esta experiencia positiva se mantiene en la conciencia, las redes neuronales relacionadas con ella, están afanosamente disparándose y conectándose unas a otras.

Trata de hacer esto varias veces al día. No toma mucho tiempo. Diez, veinte, incluso treinta segundos cada vez.

Con ello, no estás intentado aferrarte a las experiencias positivas. Hacerlo podría causarte tensión y probablemente te llevaría a la frustración. Realmente estás haciendo lo contrario: al recibirlas, te sentirás mejor alimentado interiormente y menos frágil o insatisfecho. Tu felicidad será más incondicional, más basada cada vez en una plenitud interior que en condiciones externas.

¿Cómo recibir lo bueno?

RECABLEANDO EL CEREBRO

Las prácticas relacionadas con el tercer paso (y en general todas las prácticas de este libro) nos ayudan a cambiar el cerebro, construyendo redes neuronales que nos permiten notar y recordar las cosas buenas de la vida. El psicólogo canadiense Donald Hebb, estableció el siguiente principio: «Las neuronas que se disparan juntas, acaban conectándose» (Hebb, 1949). Al centrarte, de este modo, en el placer, estás invitando a «conectarse» a las distintas áreas de tu cerebro que registran y fortalecen las sensaciones de felicidad y de placer.

Importa que te des cuenta.

Importa que la vida fluya a través de ti.
El goce de la vida viviendo a través de ti.
La alegría es la vida viviendo a través de ti.
La satisfacción y la fuerza
son la vida viviendo a través de ti.
La paz es la vida viviendo a través de ti.

Él dice: "No tengas miedo.

No tengas miedo.

Mira, siente, deja que la vida te tome de la mano.
Deja que la vida viva a través de ti.

ROGER KEYES[11]

Meditación 8:

Movimientos conscientes - segunda secuencia

En esta secuencia de movimientos te vamos a sugerir, ya que estamos explorando el paso 3, que prestes especial atención a las sensaciones agradables o placenteras que surgen mientras los haces. Para nada significa excluir las sensaciones de molestias o desagradables, más bien es abrirnos más al amplio abanico de sensaciones de nuestra experiencia, incluso aspectos sutiles presente que pueden pasar desapercibidas debido a nuestro sesgo hacia la negatividad.

Alternando el peso sobre los pies

Parado firmemente sobre ambos pies, apoya y extiende las plantas de los pies. Tómate tu tiempo para desplazar tu peso muy lentamente sobre un pie y, gradualmente, poco a poco, levantar el peso del otro pie. No necesitas levantar completamente este pie del suelo, solo un poco, tal vez incluso descansando sobre las puntas de los dedos de los pies. ¿Puedes equilibrar y mantener el resto de tu cuerpo relajado? ¿Puedes sentir tu respiración mientras te balanceas? Juega con equilibrio y muy lentamente mueve tu peso al lado opuesto.

Rotación de caderas

Este movimiento es para hacerlo nuevamente entre otros movimientos. Es un movimiento que puede ser juguetón, de hecho, ¡no es fácil hacerlo de manera seria!

Gira la cadera como si estuvieras dibujando círculos, con las manos sobre las caderas, detrás o al frente, para ayudar a sentir el movimiento. Permite que este movimiento traiga conciencia al centro de tu cuerpo.

Rotación de pies

Comienza distribuyendo tu peso sobre los dos pies y las rodillas suavemente flexionadas, creando un base estable.

Desplaza todo el peso del cuerpo sobre uno de los pies y luego levanta una rodilla y gira el tobillo, primero en una dirección y luego en la otra. Cambia de pierna y gira el otro tobillo.

Sacudir el cuerpo

Deja tus rodillas suaves y tus brazos a ambos lados del cuerpo, rebota suavemente, creando un movimiento de sacudida como sacudir una botella. Mantén tus rodillas y talones suaves y permite que el movimiento comience en tus pies y pierna y suba a tu pelvis, columna, manos y hombros. Puedes también añadir movimientos de sacudida en tus brazos y manos. Pasado de un momento deja que el movimiento se vaya calmando hasta pausarlo, notando el flujo de sensaciones posteriores.

Sacudirse es una excelente manera de aliviar la acumulación de estrés en los tejidos corporales; estimula la circulación de los fluidos entre las articulaciones brindando así mayor soltura y amplitud.

Arco de estiramiento

Con los pies bien asentados sobre el suelo y las rodillas ligeramente flexibles, estira el brazo derecho hacia arriba pegado al oído mientras que la mano izquierda baja por la pierna izquierda y haz un arco hacia la izquierda. Sin inclinarte hacia adelante, mantén la cabeza levantada y siente el estiramiento por todo el lado derecho del cuerpo. Repite el movimiento ahora hacia la derecha. Puedes imaginarte que eres como un mono intentando agarrar un plátano y le das un pequeño tirón mientras bajas tu brazo.

Círculo con los brazos

Al inhalar lleva las manos frente a ti y continúa el movimiento hasta llevarlas sobre tu cabeza, siguiéndolas con la mirada y posteriormente al exhalar deja que bajen haciendo un círculo por los costados. Repite el movimiento, continuando así por unos minutos.

El abrazo amable

Abre plenamente tus brazos hacia los costados, elevándolos hasta que alcancen la altura de los hombros, gira las palmas hacia arriba.

Acompaña este movimiento de los brazos llevando tu cabeza ligeramente hacia atrás como si miraras al cielo.

Ahora, desciende lentamente la cabeza hacia adelante y acercándola hacia al pecho. Al mismo tiempo comienza a descender los brazos, cruzándolos al frente de tu pecho en un abrazo amable a ti mismo.

Repite el movimiento tantas veces como desees, experimenta con la amplitud, la apertura del cuerpo por un lado y por otro la seguridad, cuidado y calidez al cruzar los brazos para darte este abrazo amable.

Repite el movimiento, continuando así por unos minutos. Cuando estés listo descansa por un momento antes de concluir.

A lo largo del día, mira si puedes mantener un grado similar de atención a los movimientos que haces cotidianamente, al abrir una puerta, tomar un lápiz del escritorio, encender la luz, etc.

Finalizar

A lo largo del día, mira si puedes mantener un grado similar de atención a los movimientos que haces cotidianamente, al abrir una puerta, tomar una lápiz del escritorio, encender la luz, etc.

TAREAS PARA LA SEMANA 5

Meditación: Escaneo del cuerpo (versión larga) y Mindfulness de la respiración. Puedes alternar ambas meditaciones durante la semana. También recuerda que si tienes poco tiempo, dispones de la meditación de pausa mindfulness en tres pasos. En el siguiente enlace:
https://www.respiravida.net/Audios-libro-mindfulness-kindfulness-estres

Movimientos conscientes: Te recomendamos practicar la meditación 9 – secuencia II, al menos en dos o tres ocasiones durante la semana. Si bien los movimientos tienen un apartado especial realmente es una meditación en movimiento.

Mindfulness en acción 5: Recibir lo bueno.

Caminata con Atención Consciente, hazlo al menos durante seis días. A la vez que notas toda tu experiencia pon especial atención a aquellos aspectos agradables que surjan mientras haces la caminata. ¿Cómo te relacionas con ellos? También nota cómo es tu actitud hacia ti mismo, por ejemplo, cuando notas que te distraes o te equivocas, etc., ¿Puedes continuar siendo amable y mantener la iniciativa?

Diario de eventos agradables

Toma conciencia cada día de un evento agradable que esté sucediendo. Usa las siguientes preguntas para centrar tu atención en los detalles de la experiencia mientras está sucediendo. Y luego escríbela en este diario (Segal, *et al.*, 2006).

TU EXPERIENCIA

Escribe sobre tu experiencia cada día de la semana en un cuaderno a parte, respondiendo a las siguientes preguntas. A continuación te dejamos una respuesta de ejemplo para cada una de ellas.

¿Cómo fue la experiencia?

Salir a comprar leche, y pararme a observar el cielo azul.

¿Eras consciente de tus sentimientos mientras sucedía el evento?

Sí.

¿Cómo se sentía tu cuerpo durante esta experiencia? Anota la mayor cantidad de detalles posibles.

Solté la tensión de las manos. Empecé a respirar más despacio. Se empezaron a relajar los hombros. Se dibujó una sonrisa en mis labios.

¿Qué estado de ánimo, sentimientos y pensamientos han acompañado el evento?

Una alegría sosegada. Felicidad ¡Qué maravilloso ver otra vez el cielo azul! El cielo es tan enorme. Qué bueno disfrutralo.

¿Aprendiste algo de esta experiencia?

Nada más ver el cielo azul tengo más perspectiva en mi vida.

El amor después del amor
Llegará el tiempo
en que, con alegría,
te saludarás a ti mismo al llegar
a tu propia puerta, y en tu propio espejo
y os daréis la bienvenida con una sonrisa,
y dirás, siéntate aquí. Come.
Volverás a amar al extraño que fuiste.
Le ofrecerás vino. Le ofrecerás pan. Devuelve tu corazón
a ti mismo, al extraño que te ha amado
toda la vida, a quien ignoraste
por otro, a quien te conoce de corazón.
Quita las cartas de amor de los estantes,
las fotos, las notas desesperadas,
Arranca tu propia imagen del espejo.
Siéntate. Celebra tu vida.
DEREK WALCOTT

SEMANA 6
KINDFULNESS: LA CONCIENCIA AMABLE

"La sabiduría me dice que no soy nada. El amor me dice que soy todo.
Mi vida fluye entre los dos."
NISARGADATTA MAHARAJ

En el último capítulo vimos que es importante " a qué prestamos atención". En este capítulo vamos a considerar "cómo prestamos atención", la calidad, incluso la actitud detrás de nuestra atención. La palabra atención tiene dos significados: por un lado, significa enfocar, centrar la mente en algo y, por otro, significa cuidar. Hasta ahora hemos mirado al primero de estos dos significados, aunque nos hemos acercado al segundo en las prácticas de trabajar con experiencias difíciles, trayendo una suave y amable actitud hacia ellas. Esta semana vamos a explorar esta dimensión afectiva de mindfulness un poco más.

¿Te acuerdas todo lo que nos costó acostumbrarnos a la palabra mindfulness, que designa en español la "atención plena o consciente" y en lengua pali "sati"? Kindfulness tiene mucho en común con la palabra mindfulness. La palabra "mind" se usa en el sentido de "conciencia", el "fulness" denota su carácter de atento, plenitud, totalidad, integridad, incluso se podría decir ética. Volvamos al Kindfulness. La palabra "kind" significa "amable/amor/ bondadoso", el resto de la palabra es lo mismo que en el caso de mindfulness. Tal vez una posible traducción podría ser "atención o conciencia amable".

Pali	*Sati*	*Metta*
Inglés	Mindfulness	Kindfulness
Español	Atención consciente o plena	Atención o conciencia amable

Estamos hablando de una cualidad universal y innata del ser humano "*metta*" (Sangharákshita, 2011). *Metta* significa "amor / amabilidad / bondad", y como *sati* viene también de la tradición budista. *Metta* significa un tipo especial de amor, no el típico sentimiento de una relación romántica ni un amor posesivo. Se trata de una cualidad sublime y como ya hemos mencionado anteriormente, forma parte de las cuatro cualidades inconmensurables o *Bramaviharas* (*Metta, Karuna, Mudita* y *Upekkha*). A veces se traduce como "amor incondicional o universal" ya que es una cualidad que traspasa cualquier barrera, de géneros, raza o estatus social, trasciende la visión egocentrista y es naturalmente expansiva.

Pali	*Metta*	*Karuna*	*Mudita*	*Upekkha*
Inglés	*Kindness*	*Com-passion*	*Empathetic joy*	*Equannimity*
Español	Amabilidad o Bondad	Com-pasión	Alegría empática	Ecuanimidad

Existe una práctica de meditación específica en la tradición budista, muy bella y transformadora, llamada "*mettabhavana*" (Sangharákshita, 2014), que se traduce como el "cultivo o desarrollo de *metta*", siendo *metta* una emoción positiva esencial y universal para crecimiento y desarrollo de todo el potencial humano. *Bhavana* significa cultivo, desarrollo o meditación. De modo que *Mettabhavana* es el cultivo de la conciencia amable o la bondad amorosa (en inglés *"loving kindness meditation"*). Es decir, que la práctica formal a través de la cual se cultiva o desarrolla la cualidad "kindfulness" es *"mettabhavana"*.

Pero kindfulness no solo incluye la meditación formal, sino otras maneras más inmediatas en la vida cotidiana en las que se puede cultivar o desarrollar. Por ejemplo, en nuestra comunicación (¿imagina cómo sería hablar con *metta*?) o relacionarnos con los demás (relaciones imbuidas de esta cualidad), nuestra comida, trabajo, etc.

UN MODELO DE NUESTRAS EMOCIONES

Un modelo simple y útil para comprender las emociones es el que ha desarrollado el psicólogo Paul Gilbert (Gilbert, 2018) procedente de la neurociencia evolutiva.

Este modelo dice que hay tres sistemas principales de regulación de las emociones. Para facilitar la didáctica de nuestro curso (RespiraVida BreathWorks 2015b) a cada sistema se le ha asociado un color, el de amenaza y protección al color rojo, el de incentivo y búsqueda el color azul y el sistema de calma y satisfacción el color verde.

EL SISTEMA ROJO DE AMENAZA Y DEFENSA

La función de estas emociones es la de notar cuándo estamos en peligro y activarnos para protegernos a nosotros y a otras personas que cuidamos. Estas emociones incluyen miedo, ansiedad, enfado y asco (si abrimos la puerta de la nevera y olemos un olor desagradable, el asco que sentimos nos protegerá del peligro de comernos algo que nos puede enfermar o incluso matar). Es interesante que todas las emociones de este sistema son desagradables, lo que demuestra que no todo lo desagradable es "malo" o indeseable: si hay un fuego en tu edificio, por supuesto es adecuado sentir miedo y dejar el edificio lo antes posible. Este sistema emocional está conectado con una de las partes más antiguas de nuestro cerebro, la amígdala, que está situada en la base del cráneo (Hölzel, 2010). Cuando nos sentimos amenazados, hormonas como la adrenalina y el cortisol son liberadas en nuestro torrente sanguíneo, lo que nos da un subidón de energía que nos permite responder rápidamente para congelarnos, luchar o huir.

El sistema rojo está conectado con el "sesgo hacia la negatividad" que exploramos en el capítulo previo. Cuando estamos detectando peligro estamos operando en este sistema emocional y, como vimos, el cerebro da mayor prioridad a la gestión de la amenaza que a la de las oportunidades. Esto significa que fácilmente podemos quedar atrapados en el sistema rojo, incluso cuando no estamos en peligro, y aunque el subidón de adrenalina y cortisol es adecuado para un periodo corto, para largos periodos tienen un efecto negativo en nuestra salud, incluyendo el debilitamiento de nuestro sistema inmune (Sánchez Segura,2007).

EL SISTEMA AZUL DE INCENTIVO Y BÚSQUEDA DE RECURSOS

Este sistema tiene dos facetas: Por un lado, nos motiva a buscar y obtener las cosas buenas en la vida, y el segundo, cuando obtenemos estas cosas, nos sentimos recompensados por sentirnos bien. Esto es debido a un neurotransmisor llamado dopamina, que nos da la motivación de perseguir nuestras metas y, cuando las alcanzamos, activa la parte de recompensa del cerebro para que nos de una ráfaga de placer. Por esta razón, algunas personas llaman a la dopamina la recompensa química. Este sistema incluye emociones como deseo (de conseguir lo que es bueno), excitación (cuando estamos cerca de lograrlo), placer y gozo (cuando las conseguimos).

El sistema azul está conectado con el rojo, en el sentido que, si algo o alguien nos impide obtener aquello que perseguimos, nos frustramos y quizás nos enfadamos. En esos momentos ambos sistemas se activan simultáneamente.

Esta es una de las razones por la que no es buena idea basar nuestra felicidad en la obtención de cosas, porque no siempre conseguimos lo que queremos. Además, hay otra razón: Porque la dopamina te sienta bien, vamos a querer repetir la experiencia, y si el sistema azul no se equilibra con el verde, tan pronto como conseguimos una cosa, empezamos a buscar otra, y nunca nos sentimos satisfechos con lo que tenemos. Algunas personas son muy sensibles al sistema de recompensa, y estas personas pueden desarrollar hábitos adictivos (Corominas *et al.*, 2007).

"El placer puede ser adictivo pero el arte del disfrute o la disciplina del disfrute está en poner atención consciente a las sensaciones agradables y placenteras sin ambicionar repetirlas, más, más y más" (Maitreyabandhu, 2017)

EL SISTEMA DE CALMA Y CONTENTO

Este sistema se activa cuando nos sentimos seguros y cuando no queremos o no necesitamos nada. Los sentimientos de este sistema incluyen satisfacción y contento, sentimiento de seguridad, paz y realización, así como también emociones que nos conectan positivamente con los demás: amabilidad, afecto, aprecio, gratitud, cooperación, compasión, etc. Por esta razón es también llamado el sistema de calma y conexión. El transmisor químico involucrado en este sistema incluye endorfinas y oxitocina, esta última es conocida como la hormona del amor. Cuando las endorfinas y la oxitocina son liberadas, experimentamos un fuerte sentido de bienestar. De hecho, algunas endorfinas son analgésicos naturales para el dolor, así pues, estimular el sistema verde puede reducir nuestro dolor y otras sensaciones físicas desagradables.

¿Has notado que cuando te sientes bien y relajado, eres más afectuoso y eres más capaz de recibir afecto de los demás? También funciona a la inversa; cuando nos sentimos conectados con los demás, también nos sentimos más relajados y menos estresados. Por lo tanto, al desarrollar sentimientos de amabilidad, también estamos reduciendo nuestros niveles de estrés.

He mencionado las desventajas del sistema rojo y el azul, y hay una desventaja para el sistema verde también: Si pasamos demasiado tiempo allí podemos volvernos un poco apáticos, aletargados y desmotivados, lo que lleva a una pérdida de energía y ánimo bajo, lo cual a su vez podría conducirnos a una depresión.

El sistema verde no es necesariamente un estado de pasividad. Ser amable hacia alguien, por ejemplo, es activo, pero es un tipo de actividad diferente de la del sistema azul. Cuando estamos ayudando a alguien, dando afecto a alguien que queremos, siendo juguetón, no estamos tratando de alcanzar ninguna meta particular o resultado. La ayuda que estamos dando, el afecto y sensación de jugar son nuestras propias recompensas.

Nuestra cultura contemporánea tiende a mantenernos atrapados en los dos primeros sistemas, y en gran medida a dejar de lado al tercero. La práctica de la atención consciente - mindfulness - nos ayuda a encontrar un adecuado equilibrio entre estos sistemas, en particular mediante el desarrollo y cuidado del Sistema de calma y contento.

¿EN QUÉ SISTEMA EMOCIONAL PASAS MÁS TIEMPO?

Recuerda los últimos días y señala el circulo correspondiente cuando cierto sistema de emoción fue activado en ti. Por ejemplo, en el círculo de amenaza y protección puede que escribas "sentir nervios por ir a una cita", o en el círculo de calma y satisfacción podrías escribir "pasar tiempo con un amigo".

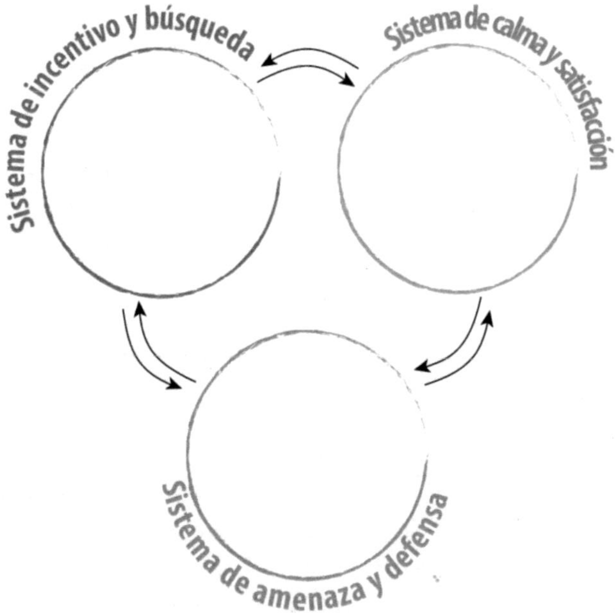

EQUILIBRANDO LOS SISTEMAS:
BAJANDO EL ROJO Y AZUL, SUBIENDO EL VERDE

Los sistemas de emoción rojo y azul tienen que ver con cambiar el estado actual de las cosas, desde el peligro a la seguridad, de no tener a tener, así que están relacionados con el modo hacer de la mente. El sistema verde involucra una experiencia de ser, de no tener que esforzarse por nada, sino estar a gusto en el momento presente, tal y como es.

Cada sistema tiene su ventajas y desventajas, y cada uno necesita ser regulado o equilibrado por los otros dos. Eso es lo que significan las flechas entre los círculos del diagrama. Por ejemplo, puede que estés trabajando duramente para ganar un ascenso en el trabajo (azul), pero también necesitas parar el esfuerzo de vez en cuando, para estar con tus amigos y familia (verde). Mientras disfrutas de jugar a la pelota con tus hijos (azul / verde), también necesitas estar seguro de que no van a salir corriendo a la calle (rojo).

La sociedad contemporánea valora el sistema rojo y azul mucho más que el verde, y la mayoría de nosotros necesitamos equilibrar esto "subiendo el verde" y "bajando el rojo y azul". Todas las prácticas que has aprendido en este libro te ayudan a hacer eso. En este capítulo y los siguientes vamos a enfocarnos particularmente en los aspectos de conexión, amabilidad, cualidades prosociales y afecto del sistema verde.

EL CULTIVO DE LA AMABILIDAD-KINDFULNESS

Hemos visto que una manera de entender el estrés es como un desequilibrio emocional: Cuando pasamos demasiado tiempo en el sistema de amenaza y auto-protección y / o en el de incentivo y búsqueda de recursos y muy poco en el sistema de calma y contento, experimentamos estrés. El mindfulness nos ayuda a corregir este desequilibrio desarrollando el sistema de calma y contento.

También hemos visto que el sistema de calma y contento incluye afecto, cuidado, conexión y amabilidad, y que al desarrollar activamente durante algún tiempo estas emociones, nuestros niveles de estrés tienden reducirse.

"La base de un cerebro sano es la bondad y se puede entrenar"
R. Davidson

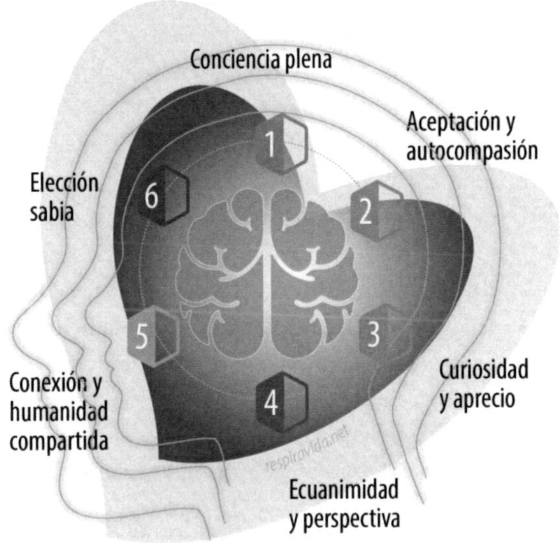

¿QUÉ ENTENDEMOS POR AMABILIDAD?

La amabilidad es una actitud de atención y preocupación tanto por nuestro bienestar como por el de los demás (Salzberg, 1997). Que esto sea en ambas direcciones es muy importante. Ser "amable" hacia los demás, pero no hacia nosotros mismos o serlo hacia nosotros mismos, pero no hacia los demás no es amabilidad real (aunque puede ser un punto de partida para cultivarla en un sentido más amplio). La amabilidad incluye empatía o preocupación por nuestro bienestar y por el de los demás, además de una voluntad de actuar a partir de este objetivo. La amabilidad incluye también sentimiento y comprensión, además de una acción basada en dicha comprensión. Esto quiere decir que la amabilidad real, no implica ni debilidad ni tontería. Ser realmente amable significa entender lo que sucede y tener el valor para actuar a partir de este entendimiento.

FALSA AMABILIDAD: ENEMIGOS LEJANOS Y CERCANOS

Hay algunos malentendidos comunes acerca de la amabilidad y también algunos "enemigos cercanos" que se disfrazan de amabilidad, pero estos no son la verdadera amabilidad. Hay que tener clara la diferencia entre amabilidad verdadera y falsa por dos razones. En primer lugar, si lo que creemos que es amabilidad, en realidad, es falsa amabilidad, esto nos puede desviar de nuestro intento por cultivarla. En segundo lugar, cuando desarrollamos amabilidad debemos estar alerta de las dificultades que nos pueden alejar de la amabilidad real.

Entre los malentendidos que hay acerca de lo que es la amabilidad, hay tres que son muy comunes: Que la amabilidad es débil, torpe o manipuladora. A veces se cree que ser amable significa no defenderse. Por ejemplo, que alguien puede tolerar una agresión por parte de su pareja con el pretexto de ser "amable". Puede haber muchas razones por las cuales alguien podría soportar un comportamiento así, como por ejemplo el creer que se lo merece o por miedo a empeorar la agresión, pero esto no es amabilidad. De hecho, el creer que se lo merece indica una falta de amabilidad hacia sí mismo. Así, el ser verdaderamente amable puede significar enfrentarse a situaciones difíciles y esto puede necesitar de mucho valor.

Al igual que la compasión, la amabilidad puede confundirse como algo que es suave o blando. Puede ser suave (cuando reconfortas o das cariño a alguien) o enérgica (cuando enérgicamente paramos a alguien que por desatención va a cruzar la calle cuando viene un coche que lo va atropellar). En este sentido en la tradición contemplativa hay arquetipos budistas que representan el aspecto suave de la cualidad con una imagen apacible y otros arquetipos que representan el aspecto enérgico de la misma cualidad con una imagen colérica.

Entre los malentendidos que hay acerca de lo que la amabilidad hay tres que son muy comunes: Que la amabilidad es débil, torpe o manipuladora.

A veces escuchamos decir que "él o ella tenía buenas intenciones". Pero a pesar de que podamos cometer errores al actuar con buenas intenciones (lo cual nos da la oportunidad de aprender), la verdadera amabilidad no deja de tener un buen juicio. El actuar amablemente de una manera general, sin observar las necesidades de la otra persona hacia quien supuestamente estamos siendo amables, no es amabilidad. Existe entonces un elemento de sabiduría dentro de la verdadera amabilidad.

En tercer lugar, la amabilidad aparente puede ser una manipulación encubierta. Esto no quiere decir que habremos de esperar a tener siempre una motivación pura y desinteresada. Al actuar con amabilidad es probable que tengamos todo tipo de beneficios para nosotros mismos, tales como sentirnos felices, y ser queridos por otros, pero nuestra conciencia de esto no debe impedirnos actuar con amabilidad. Podemos simultáneamente querer lo mejor para nosotros mismos y para los demás, y la amabilidad puede ayudar a ambos. Sin embargo, esto es diferente de un congraciamiento deliberado en donde solamente nos involucramos por lo que podamos conseguir. Por lo general podemos sentir la diferencia claramente. Esta "amabilidad" no es auténtica.

LOS ENEMIGOS CERCANOS DE LA AMABILIDAD

El "enemigo lejano" de una cualidad hace referencia al opuesto de la cualidad en cuestión, y es fácil de detectar por contraste. En este caso sería el odio. Mientras que los "enemigos cercanos" de la amabilidad o *metta* son más sutiles y tienen la apariencia de tratarse de amabilidad.

Hay dos enemigos cercanos a la amabilidad: El sentimentalismo y la lástima. El sentimentalismo es un exceso de emoción, mostrándonos muy comprensivos, pero sin que esto se traduzca en una acción útil. La lástima toma una posición de superioridad, "oh, pobre de ti", y se utiliza para mantenernos a distancia de los problemas de alguien más, porque el acercarnos resultaría amenazador. La autoconmiseración es igualmente una manera de no hacer frente a lo que sucede, aferrándonos a la emoción de insatisfacción.

LA DIMENSIÓN ÉTICA DE LA VERDADERA AMABILIDAD

La amabilidad verdadera es, entonces, el deseo de bienestar para nosotros mismos y para los demás junto con la voluntad de actuar a partir de este deseo. Ser realmente amable implica poder ver lo que está pasando y cómo responder a esto, por ello incluye un elemento de sabiduría. Pero actuar sobre este objetivo puede no ser siempre fácil y puede requerir de un poco de coraje.

En el libro *"No se trata de ser bueno"* (Subhadramati, 2020), su autora explica que la ética no es solamente una cuestión de abstenerse o de dejar de hacer daño, sino que enfatiza la importancia del cultivo de cualidades positivas como la amabilidad, la generosidad, la gratitud, el gozo y la atención consciente, dado que es difícil o imposible progresar exclusivamente en la negación. Un ejemplo de un principio ético es "me comprometo a entrenarme en el principio ético de abstenerme de quitar la vida" y su equivalente positivo es "con acciones de amor y bondad purifico mi cuerpo" (purificar aquí se refiere a ser libre de una motivación egoísta, además aquí se menciona el cuerpo, pero puede aplicarse lo mismo al habla y la mente).

CONSEJOS PARA CULTIVAR AMABILIDAD O BONDAD AMOROSA

Cuando cultivamos la amabilidad vale la pena estar atentos a ideas inadecuadas acerca de la amabilidad, como, por ejemplo, como antes hemos comentado que es de carácter débil y endeble. En ocasiones, estos puntos de vista pueden estar al acecho en los rincones de nuestra mente y evitar que realmente la practiquemos. Podemos también mantenernos atentos a los enemigos cercanos. Podemos descubrir que estamos dirigiéndonos hacia el sentimentalismo o que nos sentimos confrontados con el sufrimiento de otra persona y queremos mantenerle a distancia. De manera más general, y esto aplica a todo tipo meditación, necesitamos estar continuamente comprobando el equilibrio adecuado entre actividad y receptividad. Particularmente, en la meditación de la conciencia amable resulta fácil esforzarnos demasiado, e intentamos extraer amabilidad, como si se tratara de pasta de dientes en un tubo casi vacío. En cambio, necesitamos ser flexibles, con suficiente espacio para la receptividad. No necesitamos preocuparnos por tener fuertes sentimientos de benevolencia: esto puede suceder o no. Después de todo hay que tener en cuenta que se trata de un proceso de entrenamiento progresivo.

Entonces cuando introduzcamos una palabra como "aceptación" o "paz", en la meditación de esta semana, permitamos que esto sea como dejar caer una piedra en un estanque tranquilo. La dejamos caer y esperamos la aparición de ondas, y puede que no sean muy fuertes. Enseguida pronunciamos la palabra en voz baja para nosotros mismos, sentados con la mayor atención posible. Intentamos notar cualquier sensación en el cuerpo, emociones o pensamientos que surjan; pero particularmente nos enfocamos en las sensaciones del cuerpo. Puede ser útil poner atención a la zona del corazón o el vientre.

Meditación 9:
Amabilidad hacia uno mismo

Si queremos conectar positivamente con otras personas, es útil tener una actitud cariñosa hacia nosotros mismos, y esta meditación nos ayuda a hacerlo. Es posible que no experimentes su efecto de inmediato, de hecho, es probable que no lo experimentes. Como has podido comprobar hasta el momento con tu práctica de atención plena, no estamos buscando resultados instantáneos. Piensa en ello como sembrar semillas que crecerán en el futuro, si las cultivas. ¡Recuerda que en esta práctica estamos "activando el círculo verde", no el azul! Así que esforzarse, trabajar duro, hacer grandes esfuerzos para lograr un resultado en particular no funciona: ¡probablemente te frustres si lo haces así e inadvertidamente enciendas el círculo rojo!

Hay diferentes maneras de hacer esta práctica, y si bien una forma se adapta muy bien a algunas personas, no funciona tan bien para otras. Entonces, tenemos cuatro recursos diferentes para practicar esta meditación: usando frases, imágenes, la respiración y los gestos. No hay suficiente espacio para describirlos por separado, así que incluimos las cuatro en la siguiente meditación. Prueba las cuatro y elige la forma que mejor funcione para ti.

Adopta una postura cómoda y erguida, cierra los ojos y simplemente pasa un tiempo siendo consciente de las diversas sensaciones que percibes en tu cuerpo ...

Ahora descansa tu atención en la respiración, como lo has hecho en la Atención a la Respiración ...

Después de unos minutos, lleva la atención al área de tu corazón, y simplemente "observa" ¿cómo se siente ahora? ...

9a: Amabilidad hacia uno mismo: Usando frases

Ahora di para ti mismo, "que yo esté bien"... espera unos instantes para que esta frase produzca un efecto en ti ...

Después de unos momentos, repite la frase ...

Ahora prueba con otra: "que pueda ser feliz". Solo dila y observa lo que sucede, si es que algo sucede ...

Nota cualquier pensamiento o sentimiento que tengas como respuesta a la frase, tal vez "no merezco ser feliz", "nunca seré feliz" o "es una tontería hacer esto".

Cualesquiera que sean los pensamientos que vengan a tu mente, solo recuerda tu entrenamiento en la atención plena: solo son pensamientos, no tienes que creerlos, solo déjalos ir y continúa con la práctica ...

Puedes probar otras frases, como "que pueda librarme del sufrimiento ... "que las cosas vayan bien para mí"... "que me sienta seguro y protegido"... "que pueda desarrollar mi potencial"... O puedes inventar tus propias frases que expresen de una manera más específica lo que quieres para ti ...

9b: Amabilidad hacia uno mismo: Usando imágenes

Imagina un sol cálido ... tal vez al final de un caluroso día de verano, cuando el sol está justo sobre el horizonte... tal vez de color dorado, o de un rojo profundo ... que irradia un suave calor ... No te preocupes si no puedes verlo muy claramente, está bien con solo tener la sensación de que está allí ...

Ahora imagina que el sol está en tu corazón ... otra vez, no necesitas verlo allí, solo la sensación de su presencia ... imagina que este sol irradia rayos de luz suaves y cálidos que cubren todo tu cuerpo ...

Imagina que esta cálida luz es amabilidad ... llenando todo tu cuerpo...

9c: Amabilidad hacia uno mismo: Usando la respiración

Descansa tu atención sobre las sensaciones de su respiración ... inhalando ... exhalando ...

Ahora imagina que el aire a tu alrededor está impregnado de amabilidad ... (¡esta no es una afirmación metafísica! No estoy diciendo que el aire esté realmente impregnado de amabilidad, solo que imagines que es así). Entonces cuando inhalas, respiras amabilidad ... y cuando exhalas, esta amabilidad impregna todo tu cuerpo ...

9d: Amabilidad hacia uno mismo: Usando el gesto

Con tus manos puedes hacer un gesto de cariño y ternura hacia ti mismo que exprese esta intención de amabilidad. Puedes llevar tu mano al pecho, en la zona del corazón o abrazarte suavemente. Tal vez abrazarte suavemente, acariciar tu mejilla, acariciarte las manos sutilmente. Explora diferentes gestos que puedan ayudarte a sentirte reconfortado. Te invito a descubrir el gesto que funciona para ti.

Después de un tiempo, amplía tu atención hacia todo el cuerpo ... a los sonidos ... y abre los ojos.

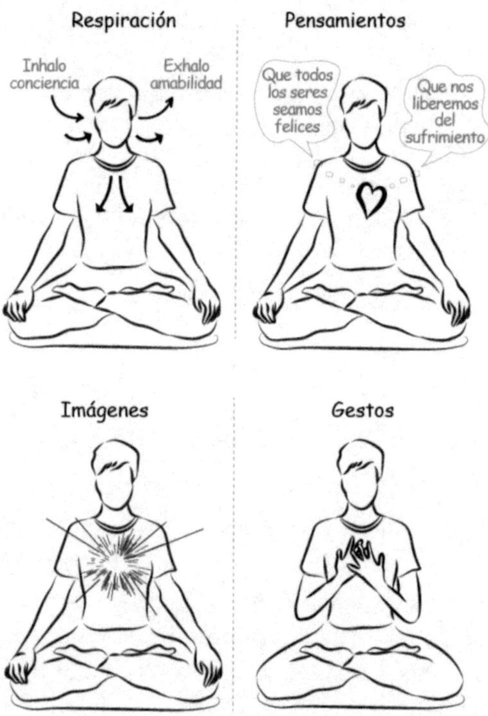

LA IMPORTANCIA DE LOS GESTOS AMABLES

El tacto y los gestos que expresan cariño, ternura y amabilidad, como poner la mano sobre el corazón o abrazarte, son una manera sencilla, directa e inmediata de activar el sistema verde de calma contento y la consiguiente secreción de oxitocina. Estos gestos son particularmente efectivos en momentos de mucha autocrítica o de sentirte vulnerable (Simón, 2018).

AUTOCRÍTICA Y AUTO-AMABILIDAD

A lo mejor piensas que toda esta idea de ser amable contigo mismo es algo de débiles y de ser autocomplaciente. ¿A lo mejor piensas que ser duro contigo mismo es el camino para seguir, que ser autocrítico está bien y te previene de ser perezoso y ayuda a mejorar?

Hay investigaciones recientes sobre el tema que sugieren que, de hecho, es justo lo opuesto (Neff, 2012). En estos estudios, las personas que han estado practicando la meditación "amabilidad hacia uno mismo" eran más capaces a la hora de reconocer sus propias equivocaciones, imperfecciones y acciones negativas, aprender de ellas y hacer cambios para mejorar, que aquellos que no la hacían. Esto es así porque al tener una actitud positiva hacia ellos mismos les permitía admitir sus fallos sin sentirse abrumados por las emociones negativas. La auto-amabilidad, más que hacernos débiles y complacientes, nos hace más robustos emocionalmente y menos egoístas.

Cuando somos criticados, el sistema rojo se activa en nosotros; el criticismo es sentido como una amenaza, incluso aunque se haya hecho con la motivación de ayudar. De manera similar, cuando somos críticos con nosotros mismos aumentamos el sistema rojo, de modo que, si somos habitualmente autocríticos, estamos constantemente activando las emociones del miedo, la ansiedad, el enfado (dirigido hacia nosotros mismos), y quizás auto-desprecio. Estas emociones no nos ayudan a ser mejor, solo nos hacen sentir mal.

AMABILIDAD HACIA UNO MISMO VERSUS AUTOESTIMA

El concepto de "amabilidad hacia uno mismo" tiene un significado muy cercano a lo que se conoce como autocompasión y es diferente del concepto de autoestima.

Kristin Neff, autora del libro "Sé amable contigo mismo" (Neff, 2012), establece las diferencias entre la autocompasión y el concepto de autoestima. La autoestima implica la evaluación positiva de uno mismo y, a menudo, la necesidad de ser especial y ubicarse por encima de una supuesta media. La autocompasión no está basada en comparaciones, sino todo lo contrario: Se apoya en nuestras similitudes profundas con los demás por el mero hecho de compartir la condición humana.

ALGUNOS FRUTOS A LARGO PLAZO DE LA CONCIENCIA AMABLE O *METTABHAVANA*

Hay numerosas evidencias científicas sobre los efectos del cultivo de amabilidad hacia uno mismo y los demás (Fredrickson, 2008; Seppala, 2014). Algo que hemos notado en nuestra propia experiencia es que los beneficios de esta práctica, a diferencia de los de mindfulness, es que puede un efecto retardado (Fredrickson, 2008). Mientras haces la práctica, uno puede preguntarse si está pasando algo realmente (hasta parece un poco ingenuo utilizar estas frases de buenos deseos). Es en las siguientes horas o días cuando comienzas a percibir que algo ha comenzado a cambiar en tu experiencia. Puede que incluso la idea de ti mismo esté poniéndose patas arriba. Puede que ahora ya notes más claramente tu voz crítica interna, la observas, tomas cierta distancia hacia ella, lo que hace que pierda su poder. O de repente te encuentras con alguien y sientes una fresca sensación de confianza y apertura en tu corazón mientras expresas tus necesidades. De repente, te sientes menos defensivo y más receptivo al entablar una conversación. Estas y muchas más son las señales positivas de que la práctica de la conciencia amable está haciendo su trabajo.

Se dice que Buda enseñó la amabilidad (*metta*) como antídoto al miedo. Una mente saturada por el amor incondicional no puede quedar subyugada por el miedo, aunque surja, no llegará a dominarla.

Por supuesto que no es magia y requiere un compromiso de práctica diario y a largo plazo. Es también importante practicar en un grupo donde puedas compartir estas percataciones y recibir asesoramiento de un profesor certificado o maestro.

UN NUEVO LENGUAJE CORPÓREO-EMOCIONAL

Hay otra área donde la práctica del cultivo de la amabilidad tiene un terreno fértil, el cuerpo. Se puede manifestar como más apertura en tu postura corporal y fluidez en tu respiración, desde una sutil suavidad en el rostro hasta el esbozo de una sonrisa o realzar las patas de gallo alrededor de tus ojos, u otros signos que pueden ser rápidamente percibidos por aquellos con quienes te cruzas o interactúas. Y como los gestos no verbales son contagiosos, tu apertura también permite a otros mostrarse más abiertos y relajados.

Así como los estudios neurocientíficos muestran que las emociones positivas abren y amplían tu conciencia perceptiva, también tienen una correspondencia corporal, se mencionan cuatro señales no-verbales (Fredrickson, 2015):

1. Frecuente sonrisa entre uno y otro.
2. Frecuencia de ademanes amigables y abiertos.
3. Frecuencia en la aproximación de los cuerpos.
4. Frecuentes movimientos de cabeza.

Estas señales emanan de las experiencias internas de amor de una persona y son interpretadas por los demás como amor.

La práctica de la conciencia amable puede repercutir igualmente en el sentido que das a cada nueva circunstancia. Es más factible, que veas las cosas bajo una luz favorable, concedas el beneficio de la duda y seas optimista acerca del futuro y el potencial de los demás. Si llevas esta práctica a largo plazo, tu conducta verbal y no verbal puede ser tan distinta que otros podrían sentirse más seguros en tu presencia, más propensos a abrirse y establecer contacto contigo (Frederickson, 2015).

4 UN RECIPIENTE MÁS GRANDE

Perspectiva y ecuanimidad

AMPLIANDO LA PERSPECTIVA: CONCIENCIA DEL ENTORNO

El tema de las primeras cuatro semanas del curso fue el enfoque. Durante esas semanas se pide que hagas un esfuerzo para hacerte más consciente de ti mismo (el cuerpo, los emociones y los pensamientos). El tema de la segunda mitad del curso es la amplitud, y también la idea de tomar más conciencia de las otras personas con la práctica de la meditación impregnada de conciencia amable o kindfulness. Ahora queremos que amplíes tu conciencia para tomar más conciencia de tu entorno más cercano, el mundo exterior, o sea, las cosas que ves, oyes, tocas, hueles y saboreas.

La mayoría del tiempo solemos dar las cosas por sentado. Hemos visto infinidad de árboles, sillas, coches y casas, y hemos oído el viento, el canto de los pájaros, los trenes, los pasos, las personas hablando a lo lejos tantas veces que en realidad ya no miramos ni escuchamos. Vemos una taza, por ejemplo, pero en realidad no notamos la forma determinada que tiene, ni su color, la forma en que la luz cae sobre ella dejando una parte en la sombra, la manera en que refleja algunos de los otros objetos a su alrededor, reproduciéndolos de forma distorsionada ... Y luego están las sensaciones que tenemos en contacto con la taza, está caliente, o templada, o fría, tiene una superficie lisa o áspera ... Y a la hora de tomar un café, ¿cuántas veces somos conscientes, en realidad, de su sabor?

Uno de los aspectos de la práctica de mindfulness es empezar a ver, oír, oler las cosas como si fuera por primera vez. Recuerda alguna ocasión que estabas de vacaciones, a lo mejor en el extranjero, en un sitio adonde nunca habías ido antes. ¿Acoso no notaste lo diferente que era todo, que las casas tenían otra forma y tal vez estaban pintadas de otros colores de las de tu propio país? ¿Que los autobuses y los trenes eran diferentes? ¿Hasta los olores, la luz, el ambiente? Las personas que llevan muchos años viviendo en aquel país se habrán acostumbrado a ver, oír y oler estas cosas, así que probablemente habrán dejado de notarlas y han llegado a ser nada más parte del telón de fondo de sus vidas y lo mismo nos ocurre a nosotros. Estamos tan acostumbrados a las cosas que nos rodean que ya no nos parecen interesantes, se han convertido en algo rutinario, no digno de nuestra atención.

Sin embargo, si empiezas a fijarte de forma consciente en las cosas a tu alrededor, puede que descubras que te resultan otra vez interesantes. A lo mejor ocurre que ves cosas que nunca habías notado de verdad y lo mismo pasa con todos los sentidos. Una taza puede resultar fascinante. También el sonido de un perro que ladra a lo lejos, la textura de un trapo de cocina o el olor a humo.

Ejercicio 1

Durante las dos próximas semanas, vamos a pedirte que te esfuerces en notar de verdad los objetos a tu alrededor. Primero, cierra los ojos y escucha. No hace falta hacer ningún esfuerzo para escuchar algo "interesante", nada más escucha los sonidos que estén en ese momento: Los pasos de las personas, los coches que aceleran, la radio del vecino de al lado, el zumbido de un electrodoméstico... Intenta oír los sonidos tal y como te lleguen, sin aguzar el oído para oír mejor, ni intentar excluir sonidos que no quieres. Trata de dejar que todos los sonidos estén simplemente ahí, tal cual.

Asimismo, trata de oír las cosas sin "interpretarlas", o sea, sin intentar deducir qué es lo que hace el sonido y de dónde viene. Trata simplemente de oír los sonidos "desnudos", quizás como si oyeras la nueva composición de un compositor moderno que solo ha juntado unos sonidos al azar para tu disfrute.

Haz esto durante cinco minutos todos los días.

Ejercicio 2

Ahora, pon tu atención en lo que ves. Elige un objeto: Puede ser grande o pequeño, atractivo o feo, colorido o apagado y simplemente contémplalo durante cinco minutos. Intenta ver su aspecto real, en vez del aspecto que tú crees que tiene. Algo que muchas veces destacan los profesores, es que normalmente nos da pereza mirar las cosas: tan solo tenemos una imagen mental de ellas, y nos conformamos con eso. Por ejemplo, cuando "vemos" una taza blanca, imaginamos que es de un color blanco uniforme, mientras que, cuando la miramos de verdad, notamos que en realidad está compuesta de muchos tonos diferentes de blanco, crema, gris, etc., según los objetos a su alrededor. Ahora, trata de ir más allá de tu imagen mental de un objeto, y verlo tal y como es.

Haz esto durante cinco minutos todos los días.

Además de escuchar los sonidos y mirar los objetos, nota también tus reacciones o respuestas a ellos. Si te encuentras escuchando un sonido que no te gusta, o contemplando un objeto bello, nota cómo te sientes, así como los pensamientos que te surjan en respuesta a estas cosas.

Por supuesto, puedes hacer estos ejercicios con cualquier sentido: Por ejemplo, podrías cerrar los ojos y tocar un objeto durante cinco minutos, u oler una flor, o comer algo en silencio, permitiéndote saborearlo de verdad.

Observa también tu respuesta emocional al ejercicio. Es posible que no disfrutes haciéndolo, que te sientas aburrido y te preguntes qué sentido tiene. Observa también estas reacciones. Como ocurre con todos los ejercicios de atención consciente, puede que no sea fácil al principio, y que resulte difícil seguir con él. Sin embargo, si te empeñas, puedes verte "recompensado" con creces: aquel mundo exterior más bien gris y soso puede volver a cobrar vida, y algunas pequeñas cosas que llevas años dándolas por sentado pueden volverse fascinantes. Es posible que hasta recuperes algunas de las sensaciones que tuviste la primera vez que fuiste de vacaciones, cuando todo era nuevo para ti, extraordinario e inagotablemente interesante.

MINDFULNESS EN ACCIÓN 6: PASAR TIEMPO EN EL CÍRCULO VERDE

El círculo verde es el sistema emocional de calma y satisfacción que ya exploramos. Como vimos, hay tres sistemas emocionales principales: El sistema de amenaza y defensa (círculo rojo), que está diseñado para ayudarnos a evitar el peligro, el sistema de incentivo y búsqueda (círculo azul), que nos motiva a obtener las cosas buenas de la vida y nos recompensa cuando tenemos éxito, y el sistema de calma y satisfacción, que se activa cuando no estamos en peligro y cuando ya tenemos todo lo que necesitamos. Este último entra en escena si no estamos atrapados en uno o ambos de los otros dos sistemas emocionales. El estrés en la mayoría de las personas es el resultado de estar demasiado tiempo en el círculo rojo y/o el azul. Este programa y, por ende, este libro están diseñados para restablecer el equilibrio y ayudarte a pasar más tiempo en el círculo verde.

Este sistema se caracteriza por la aplicación del kindfulness: la serenidad, la satisfacción, la absorción en una actividad, la ecuanimidad, el aprecio, la relajación, la diversión, la alegría, la maravilla, el afecto, la empatía, la amabilidad (dar y recibir), la solidaridad, el

amor y la compasión. El círculo verde es el modo ser de la mente, mientras que los círculos rojo y azul son aspectos del modo hacer. El círculo verde también es el lugar donde la creatividad se produce con mayor frecuencia, porque nos permite salir de las maneras habituales de reaccionar ante las cosas y las personas y poder mirarlos de nuevo.

Se suele asumir en las teorías de la evolución del ser humano, que sobrevive "el más fuerte", pero actualmente se está reevaluando esta concepción porque tal vez en ese proceso, en verdad ha tenido un peso importante las emociones pro-sociales, de modo que sobrevive "el más amable". La selección natural esculpió las emociones positivas de nuestros antepasados para que fueran una ventaja en circunstancias que afectaban su supervivencia (como cooperar, colaborar, etc.) (Fredrickson, 2008).

Esta semana te invitamos a pasar diariamente un tiempo en el círculo verde. Hay muchas maneras de hacerlo. Estos son algunos ejemplos:

- De vez en cuando para y aprecia el mundo a tu alrededor: tal vez el cielo, un tazón de fruta, el color de la corbata que alguien lleva, pon en práctica la gratitud ...
- Cuando hables con alguien (un amigo, un familiar, un colega o un extraño), intenta conectar con ellos como ser humano; trata de darles toda tu atención; realmente escúchales; mantén el interés en lo que dicen.
- Diviértete un poco. Date un tiempo al día para hacer una actividad divertida, o simplemente asegúrate de pasarlo bien durante tus actividades diarias. Mantén una actitud lúdica. Toma las cosas con un poco menos de seriedad.

- Haz algo que absorba tu atención. Algo que te haga concentrarte de tal manera que te apartes de las demás preocupaciones. Algo que te permita estar en el momento presente. Tal vez una actividad en el trabajo, algo en casa o en algún otro lugar. ¡Es por esto por lo que las personas tienen hobbies!
- ¡Realiza actos de amabilidad o generosidad al azar! Haz algo bueno por alguien. Compra un artículo a alguien desempleado y, si te es posible, charla un rato con él. Ofrece preparar un café a alguien que parece estar bajo algún tipo de presión. Compra un pequeño regalo para alguien que quieres o amas. ¡El efecto de esos pequeños actos de amabilidad puede ser sorprendente!
- Pasa algún tiempo con un amigo o amiga.
- Ve al gimnasio y asegúrate de darte suficiente tiempo para disfrutar de la ducha después de tu entrenamiento.
- A alguien a quien amas dile que le amas.

Hay muchas otras maneras de entrar en el círculo verde, así que no te limites a los ejemplos anteriores. ¡Sé creativo! Disfruta de ti mismo.

¿No has visto, oh, es que no has visto,
cómo brota el agua a borbotones en el divino manantial del jardín?
Apenas surge y enseguida fluye y desaparece para siempre
Como surgen y fluyen miles de líneas brillantes
que fluyen, fluyen y fluyen hacia un abismo insondable,
remolinando, una y otra vez y siguen fluyendo por siempre.
Y nadie sabe dónde se detendrán.

KUKAI[12]

TAREAS PARA LA SEMANA 6

Meditación 9: Amabilidad hacia uno mismo (Hay cuatro grabaciones distintas de esta meditación, cada una usa un método distinto: 9-a usando frases, 9-b usando imágenes, 9-c usando la respiración y 9-d usando el gesto amable. Puedes probar cada una en los próximos días, y luego continuar con la que mejor funcione para ti). En el siguiente enlace:
https://www.respiravida.net/Audios-libro-mindfulness-kindfulness-estres

Cualquiera que elijas, comienza con la meditación el escaneo del cuerpo o mindfulness de la respiración como preparación.

Mindfulness en acción 6: Pasar un tiempo en el círculo verde. (p.165)

Caminata con Atención Consciente, hazlo al menos durante cinco días. A la vez que notas toda tu experiencia pon especial atención a los sentimientos, sensaciones y pensamientos que surjan al encontrarte con otras personas, neutras, o algún conocido que te disgusta o que te cae bien. ¿Cómo pones en práctica la conciencia amable en estas situaciones?

A la vez incluye un poco más de perspectiva "mindfulness del entorno", nota los sonidos que llegan a tus oídos, como tales, sin etiquetarlos (puedes mirar también el ejercicio que de "Ir al encuentro de lo agradable" en el capítulo semana 5).

SEMANA 7
KINDFULNESS: LA DIMENSIÓN SOCIAL Y ALTRUISTA DE MINDFULNESS

"Un ser humano es parte de un todo al que llamamos universo... Se experimenta a sí mismo, sus pensamientos y sentimientos como algo separado del resto. Algo así como una ilusión óptica de su conciencia. Esta falsa ilusión es para nosotros como una prisión que nos restringe a nuestros deseos personales y al afecto que profesamos a las pocas personas que nos rodean. Nuestra tarea debe ser el liberarnos de esta cárcel ampliando nuestro círculo de compasión para abarcar a todas las criaturas vivas y a la totalidad de la naturaleza en toda su belleza. El verdadero valor del ser humano se ve determinado por la medida y el sentido en que ha conseguido librarse del yo."

ALBERT EINSTEIN

KINDFULNESS: CONCIENCIA AMABLE HACIA OTRAS PERSONAS

Hasta ahora, nuestra práctica de la atención plena se ha centrado en nosotros mismos y en nuestra propia experiencia, pero la mayoría de nosotros interactuamos de diversas maneras con otras personas, por ello y para que nuestra práctica de mindfulness sea completa, debemos incluirlas.

Hemos visto que la atención plena es el esfuerzo suave pero persistente de prestar atención a cualquiera que sea nuestra experiencia en el momento presente, es decir, con una conciencia sin

5 CONEXIÓN
Humanidad compartida

juicios que no divide la experiencia en dos categorías separadas que acepta una y rechaza la otra. Por el contrario, esta conciencia observa todo con curiosidad. Ser consciente significa responder a las experiencias desagradables y no deseadas con conciencia y sabiduría en vez de reaccionar hacia ellas de una manera habitual. Siendo conscientes del sesgo a la negatividad incorporado en el cerebro, de modo que no nos centramos exclusivamente en amenazas y fallas, sino que también recordemos notar las cosas buenas. Finalmente, la atención plena es una conciencia cálida, gentil, amable y amigable. Ser consciente de otras personas, entonces, es considerarlas de esta misma manera.

Hay una gran diferencia entre una persona y un objeto inanimado: Las personas no son solo objetos sino también sujetos. Es decir: Tienen vida interna, tienen su propia conciencia de sí mismos, la cual incluye sentimientos y emociones, pensamientos, planes, ambiciones, amores, temores, etc. Ser consciente de otras personas incluye tomar conciencia las personas no solo como objetos sino también como sujetos. Significa sentir y respetar, o al menos tomar en cuenta sus sentimientos, puntos de vista, deseos, etc. En una palabra, significa empatizar con ellos. Probablemente sea cierto decir que todos quieren evitar el sufrimiento y ser felices, por lo que ser conscientes de los demás incluye desear esto para ellos.

Varios investigadores (García Campayo 2018) sugieren desarrollar una línea de estudios sobre como los distintos tipos de meditación influyen en la promoción de la cognición social (es decir como almacenamos, procesamos información social, como entendemos las emociones, los pensamientos, intenciones y conductas sociales de los demás). Cuando se combinan intervenciones basadas en mindfulness y compasión, la dimensión de la amabilidad (kindfulness) aporta a la atención consciente el compromiso social de intentar que el mundo sea mejor, y el compromiso individual de querernos y cuidarnos cuando estamos sufriendo.

La humanidad compartida es una especie de sabiduría interna que nos ayuda a desarrollar este sentido de conexión con todos los seres y que es la base de la compasión. Con la práctica de la conciencia amable podemos desarrollar esta perspectiva que nos permite tomar conciencia de nuestras tendencias emocionales básicas como seres humanos, y nuestro deseo de ser felices y liberarnos del sufrimiento.

Este constructo de la humanidad compartida me recuerda al concepto sudafricano de "*Ubuntu*" (una palabra en la lengua Zulu). Según el arzobispo Desmond Tutu "*Ubuntu*" es la esencia del ser humano y nos recuerda el profundo sentido de conexión y solidaridad entre los seres humanos.

La amabilidad, la bondad o *metta*, a veces conocida también como "amor incondicional", es una cualidad expansiva y radiante que comienza con la transformación del individuo, pero su objetivo a largo plazo es la transformación global de la sociedad y de todos los seres.

Metta no es algo romántico, no es algo rosa, ni significa fingir o ignorar los problemas que existen en el mundo o en nuestro corazón-mente. Más bien es un intento serio de imprimir un giro radical a nuestra conciencia, que se producirá en forma acumulativa y progresiva con la práctica. Está relacionada con una visión de la realidad que dice que nada existe independientemente de lo otro, que toda la existencia es una vasta red de fenómenos interconectados e interdependientes, formando los unos las condiciones para la existencia de los otros. Esto atañe a todo, desde una tormenta hasta la vida de un ser humano.

ALGUNAS RECOMENDACIONES PARA LA PRÁCTICA

Hemos estado un tiempo desarrollando la amabilidad hacia uno mismo, y ahora vamos a ampliar nuestra conciencia para incluir a otras personas dentro de nuestro círculo de amabilidad. Lo hacemos de la como las meditaciones de amabilidad hacia uno mismo, excepto que ahora dirigimos nuestros sentimientos positivos hacia los demás. Comencemos con un amigo o alguien que es importante para ti. Es prudente, mientras estas aprendiendo estas prácticas, no elegir a alguien por quien te sientas atraído sexualmente, o alguien que haya muerto, porque puedes estimular otros sentimientos y esto tenderá a complicar la práctica ahora que estás aprendiendo.

Meditación 10:
Amabilidad hacia la persona amiga

Adopta una postura cómoda, cierra los ojos y quédate un tiempo simplemente siendo consciente de las sensaciones en el cuerpo ...

Descansa tu atención en la respiración ...

Después de unos minutos, lleva tu atención al área del corazón y observa cómo te sientes ...

Ahora elige a alguien que te agrade, que sea importante para ti o a quien amas. Puede haber muchas personas a quienes podrías elegir, pero no te compliques intentando decidir: tendrás la oportunidad de elegir a otras personas en los próximos días ...

Si te es fácil visualizar, podrás "verla" en tu mente, pero si no es así no te preocupes, no es importante "verla", sino solo tenerla en la mente ... Puedes tal vez recordar su nombre, su voz o una de sus características ...

Al ser alguien que te agrada, probablemente ya tengas buenos sentimientos hacia él/ella, entonces, todo lo que tienes que hacer es mantenerte con estos sentimientos, permitiéndoles crecer ...

Puedes también usar la imaginación. Si en la meditación de la amabilidad hacia uno mismo te fue útil usar frases, puedes adaptarlas a tu amigo: "Que él o ella esté bien", etc. ...

Si las frases no te funcionan, podrías usar una vez más la imagen del sol. Imagina que los rayos suaves y tibios del sol en tu corazón irradian hacia tu amigo ... también podrías imaginar que él o ella tienen un sol en su corazón que irradia amabilidad hacia todo su ser ...

También puedes usar la respiración. Imagina que estás inhalando conciencia de ellos y exhalando buenos deseos hacia ellos ...

Haz esto durante un tiempo, y luego deja que desaparezcan de tu mente, trae de vuelta tu atención a tu cuerpo y respiración durante unos momentos ... y concluye la práctica.

TU EXPERIENCIA

Escribe sobre tu experiencia al hacer esta práctica.

¿A quién elegiste?

¿Qué pensamientos tuviste al hacer esta práctica, si es que los hubo?

¿Qué sentimientos tuviste al hacer esta práctica, si es que los hubo?

¿Qué sensaciones físicas tuviste al hacer esta práctica, si es que las hubo?

AMPLIANDO EL CÍRCULO DE KINDFULNESS: CULTIVANDO AMABILIDAD HACIA LA PERSONA AMIGA, LA PERSONA DIFÍCIL Y TODOS LOS SERES

CULTIVAR AMABILIDAD HACIA LA PERSONA NEUTRA O INDIFERENTE

Una vez que hayas practicado esta meditación durante algún tiempo, puedes ampliar aún más tu círculo de amabilidad, e incluir a las personas con las que solo tienes un contacto pasajero. Puede ser algo desafiante porque generalmente no sentimos mucho hacia las personas que no conocemos. Tenemos entonces que usar nuestra imaginación: esta persona tiene una vida que es tan importante para él o ella como tu vida lo es para ti. Al igual que tú, no quiere sufrir y, como tú, quiere estar sano y feliz.

Haz la práctica tal como la hiciste con la persona que te agrada. Es decir: adopta una postura cómoda, cierra los ojos, pasa un tiempo siendo consciente de las sensaciones en tu cuerpo... Y así sucesivamente.

CULTIVAR AMABILIDAD HACIA LA PERSONA QUE ENCONTRAMOS DIFÍCIL

Por supuesto, que otras personas pueden ser difíciles: no siempre hacen lo que nosotros queremos, ¡tienen sus propias mentes! Es tentador tratar de cambiarlas (¡por su propio bien!), pero tal vez has aprendido por tu propia experiencia que eso rara vez funciona. Resulta menos frustrante simplemente dejar que las personas sean quienes son, con todos sus defectos.

Cuando las personas nos critican o nos tratan mal, el sistema emocional rojo se activa en nosotros. Y esto tiende a ponernos a la defensiva o agresivos, y si actuamos así podemos empeorar la situación. Es mejor si encendemos el verde, en el que aun nos sentimos lastimados por el comportamiento de la otra persona, pero podemos retroceder un poco, y actuar con un poco más de sabiduría de lo que quizás lo haríamos si actuáramos desde el rojo. Encender el verde no significa que permitamos que otros nos traten como un trapo, podemos levantar la voz y luchar contra las injusticias, pero podemos hacerlo de una manera más efectiva, porque estamos más tranquilos y somos más robustos emocionalmente. En un situación difícil las emociones negativas tienden a polarizarnos mientras que las positivas tienden a contextualizar lo que sucede, tomando un perspectiva amplia, lo que a su vez permite una mejor evaluación de la situación, identificar cual es la mejor estrategia o recurso disponible.

"El odio nunca se extingue por el odio en este mundo; solamente se apaga a través del amor. Tal es la antigua ley eterna". Dhammapada (Dragonetti, 1967)

ALGUNAS PAUTAS PARA LA MEDITACIÓN SOBRE CULTIVO DE AMABILIDAD HACIA LAS PERSONAS QUE ENCONTRAMOS DIFÍCILES

Ampliemos ahora nuestro círculo de amabilidad e incluyamos a alguien a quien actualmente encontramos difícil, tal vez alguien que nos ha tratado mal. Para hacer esta meditación de manera efectiva, debemos haber cultivado un sentido bastante robusto de amabilidad hacia uno mismo; de otra manera, podríamos sentirnos abrumados por el daño que consideramos que esta persona nos ha causado, o por el enojo hacia su comportamiento. En otras palabras, estaríamos encendiendo el círculo rojo en lugar del verde.

Es importante, para empezar, buscar una persona con quien tenemos una dificultad o conflicto de nivel intermedio o bajo. De esta manera ir poco a poco, para ir ganando confianza gradualmente y experimentando cómo funciona la práctica para ti.

Primero, dedica un poco de tiempo a desarrollar amabilidad hacia ti mismo, luego hacia alguien que aprecias o admiras. Esto te dará una base positiva sobre la que desarrollar amabilidad hacia la persona que encuentras difícil. A continuación, puede traer a tu mente a alguien quien no conoces bien, ampliando un poco más el círculo de amabilidad y, finalmente, a la persona difícil.

Puedes hacer cada una de estas etapas de la misma manera que lo hiciste con las meditaciones de amabilidad hacia ti mismo y hacia un amigo. Es decir: siéntate en una postura cómoda, cierra los ojos y pasa un tiempo siendo consciente de las sensaciones en tu cuerpo... y así sucesivamente.

Dedicar diariamente un tiempo a cultivar una actitud positiva hacia una persona difícil puede tener un efecto muy positivo en ti mismo, pero también en la relación con esa persona. Alguien que alguna vez fue un enemigo puede convertirse en un amigo. Esto puede parecer increíble, ¡por no decir indeseable! Pero, solo practica y mira qué pasa.

PLANTANDO LAS SEMILLAS DEL PERDÓN

Durante esta etapa de la meditación puede emerger un deseo natural de perdonar, creando un terreno fértil para, al menos, plantar las semillas del perdón, ya que este puede ser un proceso que tiene su propio tiempo. Se puede decir que el perdón es una forma de autocompasión, ya que a quien beneficia o alivia del sufrimiento corrosivo que genera el resentimiento, la venganza, etc.), es en primer lugar uno mismo. Desde luego, el perdón no significa condonar una acción dañina o negar la injusticia y el sufrimiento. Tampoco debe confundirse con la pasividad ante la violación o el abuso. Perdonar no es un proceso libre de incomodidad y resistencias, pero los resultados a largo plazo son tremendamente liberadores.

"No perdonar es como beber veneno uno mismo y tener la expectativa que la otra persona sufra o se muera"

Estudios realizados por K. Neff (*op. cit.*) y sus colegas sobre la relación entre el la auto-compasión y el perdón, descubrieron que las personas compasivas consigo mismas son mucho más dadas a perdonar a los demás que las que no lo son. Una de las principales maneras en las que la compasión hacia uno mismo se traduce en perdón es en el reconocimiento de nuestra "humanidad compartida". Cuando vemos a los demás como individuos separados con control completo de sus pensamientos y sus acciones es natural culpar a los que nos hieren, del mismo modo que nos culpamos a nosotros mismos cuando metemos la pata. Sin embargo, cuando entendemos mejor la interconexión entre toda la humanidad, vemos que existen innumerables factores que influyen continuamente en quienes somos y lo que hacemos.

AMOR INCONDICIONAL O AMABILIDAD HACIA TODOS LOS SERES

Una vez que hayas practicado de esta manera con personas en cada una de las etapas, si lo deseas, puedes ampliar aún más el círculo de amabilidad para abarcar a todos en el planeta. ¡Cerca de 8 billones y sigue en aumento!

Te recuerdo que para llevar a cabo la siguiente meditación necesitarás disponer de más tiempo (unos 20 minutos). Progresivamente durante la práctica iremos incluyendo a uno mismo, a la persona amiga, a la persona neutra, a la persona difícil y finalizamos cultivando la amabilidad hacia todos los seres. Expandiendo gradualmente nuestro circulo de amor incondicional incluyendo a todos los seres que viven en tu ciudad o barrio, y luego en el país, continente y el mundo. No tienes por qué limitar tu círculo de amabilidad a las personas tampoco; puedes incluir animales, árboles, etc., a todos los seres vivos.

MEDITACIÓN 11: AMABILIDAD HACIA TODOS LOS SERES PRÁCTICA COMPLETA, CON TODAS SUS ETAPAS

"Que todos los seres vivan felices y libres de todo daño
y que sus corazones se regocijen en su interior.
Todo lo que existe con respiración de vida,
tanto si son seres frágiles como muy fuertes,
sin excepción, sean altos, bajos
o de mediana estatura; sean grandes, pequeños
o gruesos; visibles o invisibles;
si viven lejos o si viven cerca;
los que están aquí, los que persiguen la existencia:
que todos los seres se regocijen en su interior".
Karaniya metta sutta (Sangharákshita, 2014)

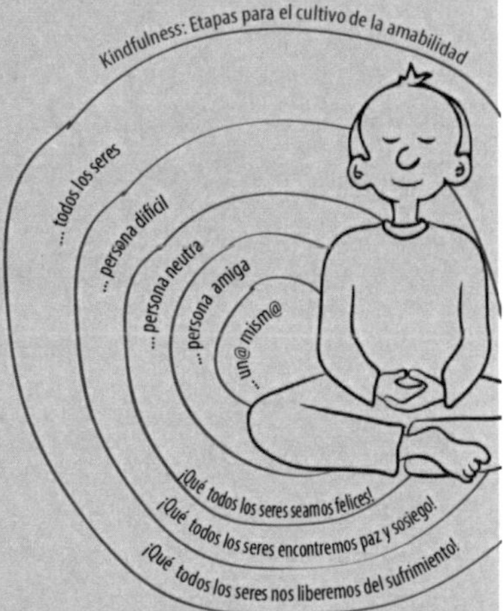

Vamos a hacer la versión completa de 5 etapas de la meditación La conciencia amable, pero antes de empezar, te sugiero que escojas las tres personas que incluirás durante la segunda, tercera y cuarta etapas. La persona que aprecias, la persona neutra o indiferente y la persona que encuentras difícil, de modo que no te pases luego todo el tiempo pensando a quién elegir. Recuerda también elegir un momento en el que no vayas a ser interrumpido durante los próximos 20-25 minutos y un lugar cómodo y tranquilo en donde sentarte.

Preparación

Comenzamos estableciendo una postura que propicie la práctica de la meditación.

Ya sea sentado sobre una silla o sobre cojines con las piernas cruzadas o sobre un banquito en postura de rodillas. Es importante estar cómodo y a la vez crear un base estable, para distribuir todo el peso de tu cuerpo en los puntos de contacto con el suelo, lo glúteos, las rodillas, los pies ...

La idea es sentir la parte baja del cuerpo como una montaña, con un base amplia y enraizada en la tierra, una base sólida y estable ...

Amabilidad hacia uno mismo (primera etapa)

Comienza a sintonizar con tu respiración, nota el aire entrando y saliendo de tu cuerpo. ... Nota especialmente la sensación de "soltar" o "dejar ir" que sobreviene cuando exhalas ... Y puedes imaginar que cada exhalación es como una ola de calma y quietud que viaja a lo largo y ancho tu cuerpo ...

Y durante los próximos minutos vamos a desarrollar la amabilidad hacia uno mismo de manera un poco más específica ...

Podemos usar frases como "que yo esté bien", "que sea feliz", "que me libere del sufrimiento", ...

Podemos usar la respiración ... inhalando amabilidad del universo ... exhalando y permitiendo que estos deseos amables impregnen todo nuestro ser ... el vaivén de la respiración meciéndonos suavemente ...

Podríamos imaginar un tibio sol en nuestros corazones irradiando calidez y amabilidad hacia todo nuestro ser ...

Podríamos hacer el gesto amable que te reconforte tal vez poniendo tus manos sobre el pecho o sobre el abdomen ...

Amabilidad hacia un amigo/a (segunda etapa)

Trae a tu mente a un amigo o amiga tuyo ... y permite que este sentimiento cálido entre vosotros crezca de la manera que resulte más adecuada para ti ...

Quizás pensando en una cualidad particular que tu amigo tiene y que te agrada... Recordando un muy buen momento que tú y esta persona pasasteis juntos ... Usando las frases: "que esta persona[13] esté bien, sea feliz, encuentre paz y belleza en su vida, que se libere del sufrimiento" ... explora al decir estas frases con cierta convicción y notando la repuesta que surge en tu corazón mientras lo haces ...

Puedes usar la respiración o la imagen del sol ... imaginando un abrazo amable con él o ella ...

Recuerda permitir que su amistad ... amabilidad ... y calidez lleguen a ti ... de manera que lo experimentes como algo mutuo ...

Usando la respiración como un ancla ... trae de vuelta tu mente cada vez que deambule ...

Y si no hay nada surgiendo, no pasa nada, nuestro corazón tiene su propio tiempo y manera de responder ...

Cultivando amabilidad hacia una persona neutra (tercera etapa)

En la tercera etapa de la conciencia amable, traemos a nuestra mente a la persona que llamamos persona neutra o indiferente ...

Resulta útil escoger a alguien a quien acostumbres a ver habitualmente, puesto que podrás centrarte mejor en él o ella y los sentimientos que te suscite ...

Es una persona que no te suscita ni rechazo ni atracción, que como todas las personas desea ser feliz y comete errores ...

Trae su presencia de la forma más clara y viva que puedas imaginar ...

Observa en tu cuerpo y tu mente cuáles son las sensaciones que surgen en respuesta a su presencia, sin juzgar, solo notando ...

En esta etapa la clave es mantener nuestra atención centrada continuamente en esta persona de manera que gradualmente podamos ir despertando un sentido de curiosidad y empatía hacia él o ella ...

Y como en las etapas anteriores utiliza las frases para cultivar esta actitud amable de buenos deseos hacia esta persona, con intencionalidad: "Que sea feliz, que encuentre paz y sosiego en su vida, que se libere del sufrimiento" ...

Recordando sobre que el deseo de ser feliz de esta persona es idéntico al tuyo ...

Si esta etapa te resulta difícil, no pasa nada. Estamos cambiando hábitos de relacionarnos con los demás que suelen estar muy arraigados en nuestro corazón y para transformarlos necesitamos creatividad e intentarlo una y otra vez ...

Amabilidad hacia una persona difícil (cuarta etapa)

Antes de comenzar la cuarta etapa te invito a revisar tu postura, haciendo pequeños ajustes para estar cómodo y relajado. Sintoniza nuevamente con tu respiración en el cuerpo.

Volvemos a la práctica, incorporando a la persona que encontramos difícil o con quien experimentas un conflicto, miedo, rechazo o resentimiento.

Tal vez puedes reflexionar sobre estas palabras de R. M. Rilke: "Quizá todo lo terrible sea en su más profundo ser algo que necesita nuestro amor."

Nuevamente puede ser un reto simplemente pensar o traer la imagen de esta persona a tu experiencia, pero te invito a intentarlo lo mejor que puedas ...

Mientras traes su presencia, busca mantenerte en contacto con tu respiración y con tu cuerpo. Mantente alerta ante cualquier tensión o sensación de cierre que surja, intenta soltar usando la respiración en la medida que puedas ...

Cuando te distraigas simplemente regresa a la imagen de esta persona ...

...esta persona, como tú, está respirando y no quiere sufrir, igual que tú.

Reflexiona que, aunque en este momento encuentres a esta persona difícil, las cosas pueden cambiar. O que si esta persona estuviera feliz sería diferente de lo que es ahora mismo, incluso podrías empatizar más fácilmente ...

"Que sea feliz, que encuentre paz y sosiego en su vida, que se libere del sufrimiento" ...

Nota cualquier sentimiento o pensamiento que surja ... regresa a las sensaciones en tu cuerpo, a las sensaciones de tu respiración ...

Si te abres al dolor del resentimiento, miedo o celos, etc., puedes traer tu amabilidad y permitir que surja la autocompasión ...

Si notas que es complicado vuelve de nuevo a ti y ofrécete cariño ... "Que pueda estar bien ... que pueda superar la dificultad con esta persona ... que pueda ofrecerme el cariño que necesito en este momento difícil"...

Permanece aquí ofreciéndote amabilidad el tiempo que requieras. Y cuando te sientas preparado puedes de nuevo volver a conectar con la persona difícil. Ofrécete cariño a ti y a la persona difícil alternativamente. Honrando tu necesidad ...

Recuerda que no estás intentando cambiar a esta persona. Y tampoco esperes que surjan sentimientos arrolladores de bondad hacia él o ella ...

Puedes preguntarte: ¿Quién es el que sufre a consecuencia de este enfado?

Confía en este corazón amable y tierno que estás cultivando y sé flexible sobre los resultados de la práctica, es un proceso y puede llevar tiempo ...

Nota cualquier sentimiento o pensamiento que surja ... regresa a las sensaciones en tu cuerpo, a las sensaciones de tu respiración ...

Si te abres al dolor del resentimiento, miedo o celos, etc., puedes traer tu amabilidad y permitir que surja la autocompasión ...

Permanece aquí ofreciéndote amabilidad el tiempo que requieras. Y cuando te sientas preparado puedes de nuevo volver a conectar con la persona difícil. Ofrécete cariño a ti y a la persona difícil alternativamente. Honrando tu necesidad …

Recuerda que no estás intentando cambiar a esta persona. Y tampoco esperes que surjan sentimientos arrolladores de bondad hacia él o ella ...

Puedes preguntarte: ¿Quién es el que sufre a consecuencia de este enfado?

Confía en este corazón amable y tierno que estás cultivando y sé flexible sobre los resultados de la práctica, es un proceso y puede llevar tiempo …

Amabilidad hacia todos los seres (quinta etapa)

Y llegamos a la última etapa.

Invitamos a nuestra mente la presencia de las cuatro personas con las que hemos meditado en las etapas anteriores: Uno mismo, el amigo o amiga, la persona neutra y la persona difícil. Siente tu respiración a la vez que buscas un sentido conexión ecuánime con estas cuatro personas ...

Metta es amor incondicional que fluye sin discriminar hacia todos los seres. "Que todos seamos felices que encontremos paz y sosiego en nuestras vidas, que nos liberemos del sufrimiento" …

Incluso notando que al mismo tiempo aun surgen tus tendencias a preferir más una persona que otra, o de cerrarte. No pasa nada, es normal que surjan ...

Cuando cultivamos *metta* estamos intentando cultivar una cualidad elevada e ideal y ya sabemos que no sucederá de un día para el otro, requiere tiempo y paciencia con uno mismo …

Y ahora vamos a extender esta actitud de *metta*, de amor incondicional, de bondad, de solidaridad y empatía hacia todos los seres ...

Lentamente condúcela a la calle en que te encuentres, a tu barrio, a tu localidad ... El sentimiento de *metta* tiene una tendencia natural a expandirse, a irradiar, a llegar a todos los seres...

Desea que todos los seres, conforme los vayas encontrando en tu meditación, sean felices. Puedes pensar en todo tipo de gente, de todo tipo de razas, de culturas ...

Siete mil millones de personas ... respirando, viviendo ...

En los detalles parecemos muy diferentes, pero si miramos a nuestras emociones más básicas, somos muy similares ...

Todos los seres compartimos las mismas tendencias de rechazar el dolor y aferrarnos al placer ... Todos deseamos ser felices, nadie quiere sufrir ...

"Que todos los seres sean felices, que encuentren paz y sosiego en sus vidas, que se liberen del sufrimiento" ...

Te invito a imaginar la amabilidad, la bondad expandiéndose como si fuera una luz dorada y cálida, que irradia desde tu corazón. Esta luz gradualmente llega a todos los seres y crea en ti esta sensación de conexión con toda la humanidad ...

En un momento vamos a concluir con esta meditación. Antes de hacerlo, vamos a reservar un pequeño espacio de tiempo para estar sin hacer nada, simplemente sentados, disfrutando de esta manera íntima de estar con uno mismo ...

Tómate el tiempo que necesites para comenzar a moverte lentamente e incorporarte de la manera que encuentres apropiada para ti en este momento ...

Intentando llevar los frutos de la práctica a todo lo que hagas de ahora en adelante ...

APRENDER A EVITAR EL EMBUDO DEL AGOTAMIENTO

Probablemente conoces este síndrome: tu vida va bien, pero luego sucede algo, tienes un montón de trabajo, alguien de tu familia se enferma, o terminas una relación con alguien. Y piensas "no puedo continuar haciendo lo que hago normalmente durante la semana, así que voy a dejar algo. ¿Pero qué?" Normalmente la primera cosa que dejamos es algo que no es esencial, algo que no va a suponer defraudar a los otros, ir al gimnasio, escuchar música, visitar a un amigo, ver una película, leer un libro. En otras palabras, alguna cosa que disfrutas, que te enriquece y que te hace feliz de estar vivo.

Al final de la semana nos sentimos un poco más estresados porque no hicimos las cosas que nos ayudan y nutren, aunque sí continuamos con todas aquellas cosas que nos agotan y nos estresan. Así que decidimos que vamos a tener que dejar de lado alguna otra cosa esta semana. ¿Qué? Algo más que disfrutamos, así no decepcionamos a nadie, ni fallamos. Como resultado, al final de la semana nos sentimos más exhaustos, entonces dejamos algo más... Así que ya puedes ver por dónde va la cosa...

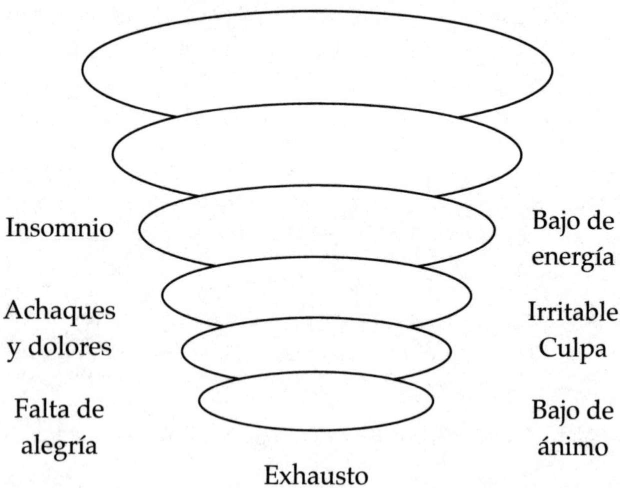

El diagrama de arriba proviene de la profesora Marie Åsberg, del *Karolinska Institute* de Estocolmo (Williams y Penman, 2011). Ella es una experta en "burnout" (síndrome de estar quemado) y usa el embudo del agotamiento para demostrar lo que puede sucedernos a cualquiera de nosotros. El anillo superior muestra una vida plena, con trabajo, familia, amigos, hobbies, intereses, etc. El anillo más bajo es una vida que ha sido reducida a hacer meramente las cosas que nos mantienen vivos (trabajo, limpieza, compras, etc.). Si nos descuidamos caeremos del anillo más bajo al siguiente, y al siguiente, hasta que alcanzamos el fondo, completamente exhausto o "burnt out". La profesora Åsberg sugiere que aquellos de nosotros que caemos en el embudo del agotamiento somos probablemente trabajadores muy escrupulosos, cuyo nivel de confianza de sí mismos (auto-confianza) está relacionada con su rendimiento laboral y que frecuentemente son vistos como los mejores trabajadores, no los vagos. Aunque la profesora, en este caso, se refiere al trabajo, se puede ver que esto es fácilmente aplicable a otras situaciones como pueden ser los amigos y familiares.

Te invitamos a tomar un poco de tiempo para pensar en aquellas cosas que te sustentan, actividades que disfrutas y que son enaltecedoras de la vida. Escríbelas en la columna izquierda.

Ahora considera cuáles son las cosas de tu vida que tienden a drenar tu energía, que no disfrutas y agotan tu energía. Escríbelas en la columna derecha.

ACTIVIDADES SUSTENTADORAS	ACTIVIDADES AGOTADORAS

Ahora que has reflexionado sobre cuáles son las cosas que te sustentan y cuáles te agotan ... ¿de cuáles hay más? Pero no solo es una cuestión de número, también es una cuestión de tiempo, a lo mejor las actividades que te agotan no ocupan mucho tiempo. Es un poco más intuitivo... ¿tú crees que tu vida tiene suficiente satisfacción y disfrute? Si no es así, ¿hay alguna manera que puedas reducir las actividades agotadoras y aumentar las sustentadoras? ¿Hay alguna cosa en tu lista de actividades sustentadoras que has dejado de hacer o llevas mucho sin hacer? Si es así, ¿puedes traer estas cosas de vuelta a tu vida? O puedes transformar una actividad agotadora en actividad sustentadora, por ejemplo, si no te gusta hacer el trabajo del hogar, ¿puedes encontrar una manera de hacerlo más agradable?

MINDFULNESS EN ACCIÓN 7: REFLEXIONA SOBRE TUS RELACIONES SOCIALES

"El amor es la efusión momentánea de tres hechos inextricablemente asociados entre si: Primero que compartas con otra persona una o más emociones positivas; segundo, el de que sincronices con ella tu bioquímica y conducta, y tercero, el de que reflejes la motivación para interesarte en ella, lo que redunda en interés mutuo. Llamo a este trío resonancia de positividad".

B. FREDRICKSON

Esta propuesta te invita a reflexionar, al final de la jornada, en las tres interacciones sociales más significativas que hayas tenido ese día, y preguntarte cómo de "conectado" y en "sintonía" te sentiste con quienes trataste, hayan sido familiares, amigos, compañeros de trabajo o desconocidos. El solo hecho de reflexionar en si tus momentos potenciales de resonancia de positividad se hicieron realidad parece servir como un recordatorio de tu capacidad de amar, siempre presente.

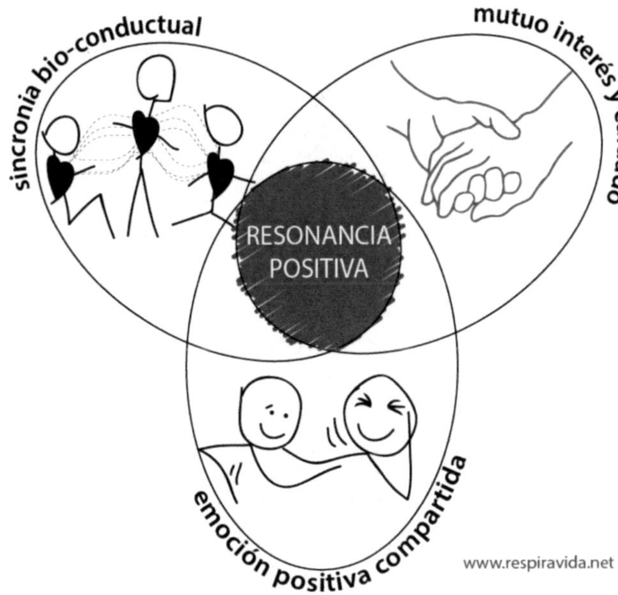

En un estudio llevado a cabo por el grupo de investigación de Fredrickson (2015), se introdujo como tarea la breve reflexión nocturna mencionada en el párrafo anterior. Originalmente fue introducida para rastrear diferencias grupales en las experiencias de contacto social de nuestros sujetos. Se esperaba que, en comparación con los miembros del grupo de control, aquellos a quienes se había asignado aleatoriamente aprender a meditar sobre la amabilidad informarían más contactos sociales diarios, y más emociones positivas. Y así fue. Lo que no esperaban era que el grupo de control, de quienes solo respondían las encuestas diarias, pero no habían aprendido a meditar en la bondad, también mostraran aumentos al paso del tiempo en contactos sociales y emociones positivas (Fredrickson, 2015).

TAREAS PARA LA SEMANA 7

Meditación: Esta semana tienes varias opciones. Puedes hacer a lo largo de la semana progresivamente las siguientes prácticas:
Meditación 10: Amabilidad hacia una persona amiga
Meditación 11: Amabilidad hacia todos los seres, práctica completa con sus 5 etapas.
En el siguiente enlace:
https://www.respiravida.net/Audios-libro-mindfulness-kindfulness-estres

Mindfulness en acción 7: Reflexionar sobre tus relaciones sociales.
Durante esta semana, repasa cada noche tu jornada y recuerda las tres interacciones sociales más largas que tuviste ese día. Especialmente recuerda el grado de "en sintonía" y de "cercanía" que vivenciaste con cada una.

Caminata con Atención Consciente, hazlo al menos durante 6 días. A la vez que tienes tu atención enfocada en tu cuerpo, respiración, movimiento, permítete incluir otros aspectos que llegan a tu experiencia como personas, sonidos, los objetos que te rodean, el paisaje, etc. Pon especial atención a como puedes expresar amabilidad / *metta* hacia las personas o situaciones que encuentras en tu camino.

SEMANA 8
UNA ESPIRAL POSITIVA PARA FLORECER

De todo quedaron tres cosas:
la certeza de que estaba siempre comenzando,
la certeza de que había que seguir
y la certeza de que sería interrumpido
antes de terminar.
Hacer de la interrupción un camino nuevo,
hacer de la caída, un paso de danza,
del miedo, una escalera,
del sueño, un puente,
de la búsqueda, un encuentro.
FERNANDO PESSOA

Hay una frase atribuida a A. Einstein, que dice: "La mente es como un paracaídas". Solo funciona si se abre, y ciertamente refuerza el tema que vamos a ver ahora. Barbara Fredrickson, de la Universidad de *North Carolina*, y su equipo de investigación llevaron a cabo un interesante estudio utilizando la meditación *Loving Kindness* (*metta-bhavana*) como forma de intervención, que dio origen a la "teoría de ampliación y construcción" (Fredrickson, 2011). Algunas de las conclusiones relacionadas con esta teoría es que las emociones positivas a pesar de que surgen y tienen un efecto más lento en el cuerpo y el cerebro (a diferencia de las negativas, que tienen un efecto de urgencia), tienen la ventaja de que nos generan mayor apertura y contextualización de lo que está sucediendo. Esta amplitud mental nos permite evaluar adecuadamente los recursos de que disponemos y nos permite hacer mejores elecciones. Las emociones positivas facilitan una "ampliación" de las posibilidades de la atención, la cognición y la acción, y una mejora de los recursos físicos, intelectuales y sociales de la persona (construcción). La persona se torna más creativa, muestra un conocimiento más profundo de las situaciones, más resiliente y socialmente mejor integrado (transformación).

Esta progresión de causas y efectos concatenados, "ampliación-construcción-transformación", sostenida en el tiempo lleva a una espiral ascendente, que a la vez hace que se experimenten nuevas emociones positivas y la cual puede llevar a "florecer". Según la misma autora, este "florecimiento" se define como el sentirse plenamente vivo, ser creativo y resiliente (capaz de sobreponerse a la adversidad), sentir que crecemos y que tenemos un impacto positivo en nuestro entorno.

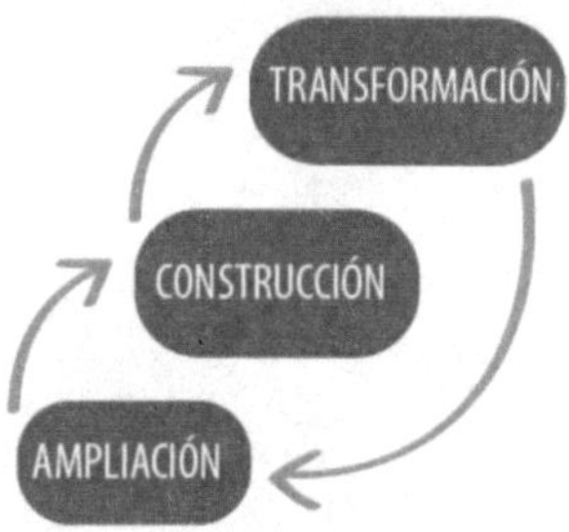

DEL EMBUDO DEL AGOTAMIENTO A LA ESPIRAL DE FLORECIMIENTO

El diagrama del embudo del agotamiento, que vimos en la semana anterior, ilustra de manera gráfica lo que nos pasa si no nos cuidamos y no entrenamos nuestra mente y corazón. Sin embargo, es una perspectiva limitada porque sugiere que lo mejor que podemos esperar es conformarnos con "bien". Pero, así como podemos caer hacia abajo en el embudo del agotamiento, con la práctica de la atención consciente y kindfulness, podemos ascender y crear otro tipo de embudo.

TRANSFORMÁNDOTE EN LA MEJOR VERSIÓN DE TI MISMO

Queremos finalizar este libro con un diagrama que ilustra una espiral virtuosa, desde este meramente estar "bien", lidiando con la vida a un nivel básico, a florecer, respondiendo creativamente a cualquier cosa que la vida nos presente. Al igual que el embudo del agotamiento se reduce a medida que disminuye nuestra energía y nuestras opciones se van cerrando, la espiral virtuosa floreciente se amplía a medida que avanzamos. Cuanto más conscientes somos, más opciones tenemos sobre nuestros estados mentales y emocionales, más libertad interior tenemos.

Por supuesto, no es que llegas a la cima de la espiral y te quedas ahí, subes y bajas la espiral, a veces sintiéndote muy bien y otras agobiado por el peso de las responsabilidades de tu vida. Pero, en general, si continúas cuidándote y practicando, tendrás más probabilidad de estar en algún lugar de la espiral que en la resbalosa superficie del embudo del agotamiento.

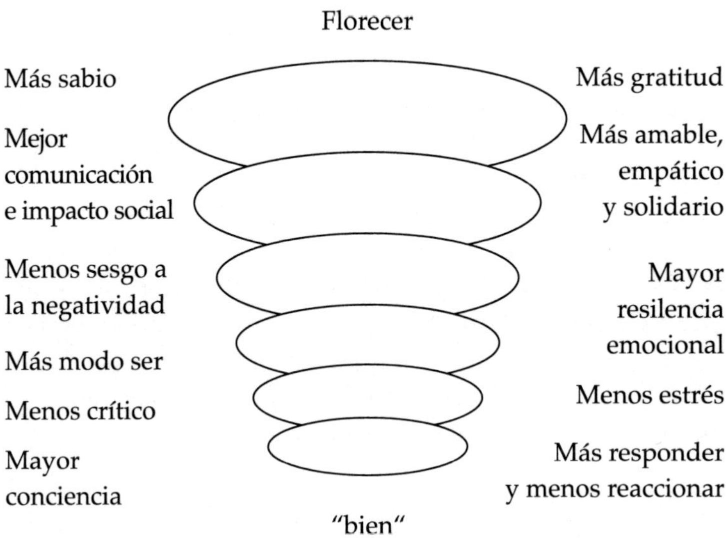

ELEGIR RESPONDER EN VEZ DE REACCIONAR

"Tienes dos posibilidades, o cambias el mundo a tu alrededor o te cambias a ti mismo. Lo segundo es difícil pero lo primero es imposible".

U. Sangharákshita

Todas las prácticas que has aprendido en este curso han sido seleccionadas para darte más sentido de elección. Ten en cuenta todas las pequeñas actividades que te hemos animado a realizar cada semana: Elegir hacer algo conscientemente en lugar de hacerlo sin conciencia, elegir hacer algo lentamente y no con la rapidez habitual, decidir tomar descansos, elegir aceptar algo difícil, elegir notar y disfrutar de las cosas buenas que suceden, elegir mantener dentro de una perspectiva más amplia todo lo que sucede. No podemos elegir siempre lo que nos pasa o cómo se comportan las demás personas, pero podemos aprender a tener más posibilidades para responder a los eventos de la vida. En esencia, lo que esto significa es que podemos aprender a responder en vez de reaccionar.

Cuando reaccionamos ante las personas, las situaciones o las cosas que nos suceden, entramos en el círculo rojo, el sistema de amenaza y autoprotección. Nuestro cerebro activa la misma reacción de luchar o huir (o abrumarse) que nuestros antepasados sentían cuando se veían amenazados por un tigre. Cuando "respondemos en vez de reaccionar" entramos en el círculo verde. Más grande, más amplio, más tranquilo, más creativo, más cálido y afectuoso.

La próxima vez que te sientas irritado, mira si puedes dar un paso atrás en tu reactividad, darte unos segundos para respirar y permitirte estar. Esto no es fácil. Depende de la intensidad de tu reacción, unas veces podrás hacerlo, otras veces no. Eso está bien, es una práctica. Si fuera fácil no necesitarías practicarlo. Y en esas ocasiones (habrá muchas) en que no logres desprenderte de tu reacción, necesitas ser cuidadoso y no reaccionar ante el fallo ("idiota, has fallado otra vez", etc.). Cuida que tu crítico interior no tenga uno de esos días. En cambio, solo recuérdate que tu cerebro, como el de los demás, está diseñado así. Evolucionó para reaccionar con ira, con miedo, evitación, etc, ante las amenazas, así que reaccionar es natural. El poema de Portia Nelson "Autobiografía en cinco breves capítulos" describe brillantemente los fracasos que todos experimentamos al tratar de dejar ir nuestras reacciones habituales y elegir responder.

"Autobiografía en cinco capítulos breves"

Capítulo Uno
Voy andando por la calle
Hay un agujero profundo en la acera
Me caigo
Estoy perdida... No sé que hacer
No es culpa mía.
Tardo siglos en salir.

Capítulo Dos
Voy por la misma calle
Hay un agujero profundo en la acera.
Hago como que no lo veo
Me vuelvo a caer.
No puedo creer que me haya caído en el mismo sitio.
Pero no es culpa mía.
Tardo bastante tiempo en salir.

Capítulo Tres
Voy por la misma calle
Hay un agujero profundo en la acera.
Veo que está ahí
Me caigo... es un hábito,
Pero tengo los ojos bien abiertos.
Sé donde estoy
Es culpa mía
Salgo rápidamente.

Capítulo Cuatro
Voy por la misma calle
Hay un agujero profundo en la acera.
Lo esquivo.

Capítulo Cinco
Voy por otra calle.

Todas las meditaciones que has aprendido en este curso te ayudarán a cultivar recursos internos de conciencia, calma, claridad y amabilidad que te ayudarán a soltar el modo reactivo y desarrollar el modo de respuesta. Así pues, a lo largo del tiempo, continúa en ello lo mejor que puedas. Y justo ahí, en medio de tu vida, tienes que intentar hacerlo en las circunstancias más difíciles: cuando alguien te empuja en una fila, tu impresora no funciona justo cuando la necesitas, alguien en tu familia tiene una actitud ruda contigo, tu coche se avería, recibes un e-mail de la compañía de electricidad donde te informan que elevarán sus precios, alguien en el trabajo mira con desdén una tarea que has realizado, ¡está lloviendo otra vez! La lista es interminable ¿no? ¡Hay muchas oportunidades para practicar! La buena noticia es que cuanto más practiques más fácil se vuelve. Al estimular los substratos neuronales de calma, satisfacción y cuidado (el círculo verde), estos se fortalecen. Esto hace también menos probable que te sientas irritado. Según Hanson (2013) puedes desarrollar una predisposición a lo positivo contrarrestando el sesgo a lo negativo.

Para poder habituarte a dejar ir el modo reactivo, puedes comenzar eligiendo por anticipado actuar de forma diferente al encontrarte en una situación difícil ante la que generalmente reaccionarías. Una vez que empiezas a tomar decisiones en circunstancias más fáciles, sentirás la libertad de decidir actuar de manera distinta, y esto allana el camino (se abren nuevas rutas neuronales) para responder en situaciones en las que habitualmente reaccionarías. Aquí hay algunas cosas que podrías decidir hacer: decide tomar una ruta diferente para ir al trabajo, decir hola a alguien a quien generalmente ignoras, mirar el cielo mientras caminas, elogiar a alguien quien te resulta difícil, ser amable con alguien sin razón alguna (no necesita haber una razón), comprar un regalo para alguien, cuando no sea Navidad o su cumpleaños, apagar la TV y en su lugar leer un libro, ser paciente con los defectos de alguien en lugar de criticarle, ser paciente con tus propios defectos en vez criticarte duramente.

Elige la vida que quieres.

MINDFULNESS EN ACCIÓN 8: PRACTICAR LA GRATITUD

"Gracias es la mejor plegaria que alguien puede decir. Yo la digo a menudo. Expresa gratitud, humildad y entendimiento".

ALICE WALKER

Es natural que a medida que progresamos y profundizamos en nuestra práctica de atención consciente y kindfulness desarrollemos un mayor sentido de gratitud hacia la vida, la personas y el mundo en que vivimos.

El diccionario de la Real Academia Española define la gratitud como un sentimiento que nos obliga a reconocer y a estimar el beneficio que se nos ha hecho o querido hacer. En una enseñanza atribuida a Buda, este describe la gratitud *(Katañuta)*, no como un sentimiento, sino como saber reconocer el beneficio que se nos ha hecho o querido hacer. En este último caso vemos que hay mayor énfasis en el conocimiento o comprensión. Cultivar la gratitud tiene enormes beneficios y si es sentida aun mejor, pero si no la sientes también puede ser un signo de madurez y sabiduría ante la vida.

Una manera efectiva de cultivar esta cualidad proviene del libro "Comunicación NoViolenta" (Rosemberg, 2006) en el que se distinguen tres componentes de la expresión de gratitud:

- Las acciones que contribuyeron a nuestro bienestar;
- Nuestras necesidades específicas que quedaron satisfechas;
- Los sentimientos agradables que son el resultado de la satisfacción de dichas necesidades.

"Esto es lo que hiciste; esto es lo que siento; esta es mi necesidad satisfecha."

La gratitud es una emoción positiva que se relaciona con atención consciente y kindfulness, especialmente con una de las cuatro cualidades sublimes: "*mudita*" o alegría empática. La practica de la gratitud nos ayuda a tomar mayor conciencia de aquellas cosas que la vida nos regala cada día, y que muchas veces damos por sentadas. Una práctica de autentica gratitud requiere tomar en cuenta varios elementos, nos alegramos de ser beneficiarios y a la vez nos alegramos de nuestro benefactor, como dice un poeta nos alegramos de mantener vivo el fluir de la vida.

La gratitud nos ayuda a conectar con el momento presente, desactivando el modo piloto automático de la mente, dejando en un segundo plano los pensamientos sobre lo que pudo ser o lo que será. También es un poderoso antídoto contra los estados mentales y emocionales negativos. Un corazón agradecido naturalmente tenderá a inclinarse hacia la amabilidad y el altruismo.

A través de la gratitud y el aprecio podemos desarrollar un sentido de mayor satisfacción. Por lo tanto podemos decir que la gratitud es una cualidad que favorece la red neuronal del cerebro, estimulando la sensación de satisfacción, plenitud y calma (círculo verde). Además, tiene un rol social y despierta nuestra generosidad y solidaridad, ya que nos hace romper el aislamiento y ser más conscientes de que estamos participando constantemente de la interconexión que existe entre todos los seres y los elementos de la vida, que nada existe de manera separada.

La gratitud nos motiva a actuar éticamente (McCullough, 2001), y puede ser una especie de barómetro de reconocimiento del comportamiento hábil o ético. Las personas que se sienten agradecidas son más proclives a ayudar a los demás, es decir, se vuelven más solidarias. La gratitud actúa y refuerza acciones éticas (provee reforzamiento positivo a quien se la expresa, cuando se nos agradece somos más proclives a repetir nuestra acción hábil).

Dos investigadores (Emmons y McCullough, 2003), formaron varios grupos al azar para que llevaran un diario personal durante dos semanas. Un grupo registraba los acontecimientos por los que estaban agradecidos, el otro grupo registraba las complicaciones y el tercero las actividades cotidianas realizadas. La alegría, la satisfacción con la vida y la felicidad se disparaban en el grupo de sujetos agradecidos.

EL LIBRO DE LA GRATITUD

Te animo a que esta última semana del curso te compres, o te hagas tu mismo, una libreta bonita y de un papel que te guste y sea especial para ti. Escoge un momento en el que estés tranquilo y solo, escribe una lista de al menos quince cosas que has recibido y de las que estas agradecido. Incluye cualquier cosa que te venga a la mente. También trata de ser específico acerca de las razones de por qué te sientes agradecido hacia una persona en particular. Y luego, durante el resto de la semana, mira si puedes continuar agregando cosas a tu lista. Tal vez pienses especialmente en tus padres, tus maestros, tus mentores, todos aquellos que te ayudaron de una u otra forma. Al final de la semana lee la lista nuevamente, hazlo leyendo lentamente cada una de ellas, trayendo a la mente a estas personas.

Meditación 12:
Una pausa de gratitud[14]

Esta es una práctica breve para expresar gratitud en cualquier momento de tu día a día.

La gratitud se relaciona directamente con nuestra capacidad de experimentar satisfacción. Alguien dijo que, si todo el mundo adoptase una actitud de agradecimiento, nuestro sistema económico se transformaría en poco tiempo.

La "abundancia" no tiene que ver con que lo posees sino con lo que conectas. La gratitud es una llave que nos permite conectar con este sentido de satisfacción, plenitud y riqueza.

Te invito a dejar de hacer lo que estás haciendo, siéntate si lo prefieres o quédate de pie sintiendo tu cuerpo y conexión con el suelo, quizás con los ojos ligeramente cerrados ... permitiéndote sentir cómo estás en este momento ...

Nota tu respiración... ¿Cómo se siente, qué partes de tu cuerpo se mueven mientras respiras? ... Respiramos 22.000 veces al día, pero de cuántas eres realmente conscientes ...

Te invito a juntar ambas palmas de tu mano, a la altura de tu pecho ... mira de no contraer los hombros mientras haces esto, puedes imaginar que entre tus manos tienes algo vulnerable y bello, algo que necesitas cuidar y sostener con gracia y delicadeza ...

Aunque este gesto tiene numerosos significados queremos resaltar ahora el aspecto del aprecio y la gratitud ...

Mi experiencia de practicar mindfulness me ha hecho más receptivo a experimentar la vida como una bendición, como un regalo, que merece toda mi reverencia, toda mi gratitud ... Si lo prefieres puedes volver a descansar tus manos sobre tu regazo ...

Te invito a tomar conciencia de algunos motivos, personas, eventos, cosas que aprecias y valoras en tu vida ...

No es necesario que te esfuerces en pensar demasiado, pueden ser cosas simples como una conversación reciente en la cual te sentiste escuchado, una caminata con una persona amiga, el haber respondido generosamente a alguien ...

Y cada vez que recuerdes algo que aprecias, cultiva tu gratitud, te invito a decir en silencio y amablemente "gracias" seguido por el motivo, evento o persona hacia el que quieres expresar tu gratitud ...

Incluso algunas experiencias o personas que encuentras difíciles pueden ser objeto de tu gratitud, ya que estas pueden haber sido o tienen el potencial de convertirse en oportunidades de aprendizaje y crecimiento ...

Cada vez que recuerdes algo que deseas agradecer simplemente di en silencio con una actitud amable y apreciativa "gracias" seguido por el motivo, evento o persona hacia el que quieres expresar tu gratitud ...

Por último, inhalando, exhalando, puedes dar las gracias a tu propia persona, por todos los momentos de cuidado, amabilidad y presencia que puedas ser consciente.

Poco a poco volvemos a conectar con nuestro cuerpo y nuestra respiración ...

Explorando el efecto que produce esta práctica en nuestra experiencia, que sensaciones, sentimientos te deja. ¿Cómo notas tu cuerpo, tu rostro? Tal vez descubres que ha surgido una suave sonrisa ...

Es posible que después de practicar esta meditación te sientas más relajado, más satisfecho y en contacto contigo mismo y con el mundo ...

Tómate el tiempo que necesites para concluir y llevar esta actitud amable y de gratitud a todo lo que hagas al concluir esta práctica ...

Meditación 13:
Kindfulness andando

La meditación caminando es una manera de extender nuestra atención consciente y nuestra amabilidad a nuestra vida cotidiana, a nuestra interacción con los demás.

Mientras caminas por qué no reemplazar las divagaciones de la mente por actividades mentales simples que aumenten la capacidad de conectar con los demás, ya sea compasivamente hacia su sufrimiento o celebrando su bienestar ...

Cualquier persona que pase junto a ti puede ser un excelente blanco de tu práctica informal ...

Observa sus signos no verbales y detalles corporales por sutiles que sean y comienza a sintonizar con los demás, con el mundo, desde la amabilidad y la humanidad compartida ...

Te sugiero que antes de empezar, escuches el audio tal vez en un parque o plaza, un lugar seguro donde puedas asimilar las instrucciones ...

Comenzamos estableciendo una motivación para esta práctica: podría ser el deseo de que todos los seres sean felices, incluido uno mismo. Permite que este deseo impregne tu respiración, tu corazón ...

Antes de empezar mantente de pie y quieto durante un momento y anclando tu atención en el cuerpo y en la respiración. Se consciente de ti mismo en esta postura vertical, de tu peso, del contacto con el suelo. Nota cualquier tensión presente y, intentando soltar, suaviza tu cuerpo. Permite que tus manos y ambos brazos caigan a los lados del cuerpo ...

Cuando estés listo empieza a andar: recuerda de caminar de manera natural, intentando estar lo más presente posible mientras lo haces. Siente las sensaciones de tu cuerpo, tal vez notando la presión de los pies en el suelo o el aire en la cara. Camina con paso normal, incluyendo un elemento de elegancia y fluidez en tu andar ...

Respira con naturalidad: al inhalar sé que estoy inhalando. Al exhalar sé que estoy exhalando ...

Después de algunos pasos puedes comenzar a decirte a ti mismo: ¡Que esté a salvo, que sea feliz, que esté sano! ...

Cuando notes que tu mente comienza a divagar, vuelve suavemente a las frases. Y si te notas muy distraído vuelve a la respiración y a las sensaciones corporales al andar ...

Trae a esta meditación andando una actitud de gratitud hacia tus pies por sostener todo tu cuerpo. Sonríe, una suave sonrisa infundirá calma y placer a tus pasos y a tu respiración y te ayudará a mantenerte atento ... nota si hay alguna reverberación de tu sonrisa en el espacio que te rodea ...

Camina amablemente, como si a cada paso hubiera algo nuevo por descubrir, cada paso y cada respiración son únicos e irrepetibles...

Trae una curiosidad amable hacia todas las personas con quienes te encuentres en el camino ...

Ya que lo estados emocionales están íntimamente relacionado con la corporalidad, busca la posición más adecuada para propagar amabilidad: apertura del tórax, mandíbula relajada, hombros sueltos...

Recuerda que todo ser vivo quiere vivir en paz y ser feliz. Conecta con ese deseo profundo: "así como todos los seres desean ser felices y estar libre del sufrimiento, que yo sea feliz y esté libre del sufrimiento".

Cuando te cruces con alguien o alguien capte tu atención, dite a ti mismo: ¡Que tú y yo estemos a salvo, que tú y yo seamos felices, que tú y yo nos liberemos del sufrimiento!

A lo mejor comienzas a advertir un sabor de resonancia vivificante, de sincronía entre tú y lo que te rodea ... pequeñas chispas sutiles que pueden estar surgiendo, saboréalas, recíbelas amablemente ...

Cuando te cruces con alguien ya sea alguien que te cae bien, alguien que no te cae bien o alguien que ni fu ni fa, dite a ti mismo: ¡Que tú y yo estemos a salvo, que tú y yo seamos felices, que tú y yo nos liberemos del sufrimiento!

Recordando todo lo que compartimos como seres humanos, nuestras tendencias emocionales básicas de rechazar el dolor y aferrarnos al sufrimiento ...

Como sabes, el amor incondicional, *metta*, tiene la capacidad de impregnar la mente de confianza e iniciativa. Esta amabilidad, *metta*, tiene una cualidad expansiva, de impregnar, de irradiar y llegar más y más lejos ...

Y ahora, a tu propio tiempo, incluye en tu círculo de amabilidad a otras formas de vida que vas advirtiendo en tu camino, por ejemplo, las mascotas, los insectos, las plantas, etc. ¡Que todos los seres sean felices!

Estos buenos deseos no son una forma de pensamiento mágico ... no hace falta que creas que tus deseos recorren el planeta a fin de cambiarlo, se trata de que tu cambies el tuyo, acondicionando tu corazón, para que sea cálido, abierto y atento haca cada persona nueva que se cruce en tu camino ...

Que todos los seres se sientan seguros y protegidos

Que todos se sientan felices y en paz

Que todos se sientan sanos y fuertes

Que todos vivan tranquilos

Mientras practicas, dirige tu atención a la zona del corazón. Nota cualquier nueva sensación en tu cuerpo, tu rostro o la respiración ...

Cuando estés listo, puedes concluir con esta meditación andando. Cuando lo hagas, te invito a permanecer quieto durante un momento ...

¿Recuerdas cómo estabas antes de iniciar la caminata? ...

Nota cómo estás ahora, si algo ha cambiado en tu mente, en tu corazón, en tu cuerpo. Tómate un tiempo para reflexionar antes de pasar a la próxima actividad.

TAREAS PARA LA SEMANA 8

Meditación: A partir de ahora, la mejor manera de seguir adelante con tu práctica personal es combinar las tres meditaciones aprendida, el escaneo del cuerpo, mindfulness de la respiración y La conciencia amable versión completa y alternarlas a lo largo de la semana.

Práctica breve de la meditación "Pausa de gratitud"
https://www.respiravida.net/Audios-libro-mindfulness-kindfulness-estres

Mindfulness en acción 8: Escribe el libro de la gratitud (p. 197).

Caminata con atención consciente, hazlo al menos durante cinco días. Incorporando todo lo aprendido de esta práctica, convierte tu caminata en una oportunidad de practicar la amabilidad hacia lo que encuentras durante esta actividad y celebra la vida. Practica de la meditación Kindfulness andando, lee el texto más arriba o escucha el audio:
https://www.respiravida.net/Audios-libro-mindfulness-kindfulness-estres

NOTAS FINALES
EL RESTO DE TU VIDA

Tal vez sea hora de comenzar a considerar cómo vas a vivir tu vida a partir de ahora. Es decir, ¿cómo cuidarás de tu persona, asegurándote de tener los recursos para lidiar con las situaciones que la vida te presentará, de tal manera que puedas mantener una sensación de ecuanimidad y felicidad serena y estar presente para otras personas cuando ellas te necesiten?

Otra forma de expresarlo es: ¿Cómo continuarás equilibrando los tres sistemas emocionales, asegurándote de que los sistemas rojo y azul no superen al verde? ¿Cómo imbuirás de kindfulness tu vida?

A PARTIR DE AHORA QUÉ

Hemos llegado ya al final del libro (para algunos será también el final del curso). Esperamos que lo hayas disfrutado y que estés logrando manejar tu estrés de una mejor manera de lo que lo hacías antes de iniciar el curso.

Si este es el caso, por favor, recuerda que en gran medida esto dio resultado porque pusiste en práctica lo que aprendiste en las clases. Si deseas mantener el estrés a un nivel manejable, o incluso, por ponerlo de una manera más positiva, vivir con ecuanimidad, necesitas entonces seguir practicando. Es así de sencillo.

Surge ahora la pregunta ¿cómo podrás asegurarte de que continuarás practicando? Si encontrabas difícil practicar durante el curso, es muy probable que ahora que ha terminado encuentres muy difícil continuar haciéndolo. Probablemente necesitarás apoyo.

Algo que puedes hacer es buscar y unirte a un grupo de meditación cerca de ti, de preferencia uno que se reúna a meditar de manera regular. Necesitarás asegurarte de que podrás continuar con las meditaciones de mindfulness y kindfulness que aprendiste durante el curso sobre gestión el estrés. Ten en cuenta que algunos grupos insisten que solo practiques las meditaciones específicas que ellos hacen.

En la página de *RespiraVida BreathWorks*, encontrás recursos para continuar tu práctica y aprendiendo más sobre mindfulness y kindfulness: *www.respiravida.net*

En esta página encontrarás un listado de profesores de mindfulness y compasión MBPM, así como podrás ver todos los cursos, tanto a nivel presencial como *online*, que estamos ofreciendo a través de nuestra red de profesores en todo el mundo.

ALGUNAS COSAS PARA RECORDAR

- Responder, no reaccionar.
- Hay sufrimiento que es inevitable, hay otro que es opcional.
- El inevitable solo lo podemos aceptar, pero el que es evitable lo podemos reducir.
- Como dice Jon Kabat-Zinn: "La solución la tienes en tus narices".
- La respiración y la biología del amor.
- Los pensamientos no son los hechos (no tienes que creer todo lo que piensas).
- Cuando se trata del cambio interno, si quieres ir de A hacia B, primero tienes que estar realmente en A.
- Sé amable contigo mismo y con los demás.
- La evolución y la supervivencia del más amable y prosocial.
- En aquello en lo que ponderamos, en eso se convierte la inclinación de nuestra mente.

- Práctica la gratitud.
- Cuando se trata de la práctica, no tiene que gustarte, solo hazlo.

ALGUNAS COSAS QUE HACER

- Cuando te sea posible, solo haz una cosa a la vez.
- Pon toda tu atención en lo que haces.
- Cuando la mente se aparte de lo que estás haciendo, tráela de vuelta. Amablemente.
- Repite lo anterior varios millones de veces. Amablemente.
- Continúa haciendo las prácticas que te funcionaron durante el curso o la lectura del libro.
- Si dejas de hacerlas, lo cual es probable, solo reanuda su práctica.
- Busca un grupo en el que puedas seguir meditando y compartiendo tu práctica.
- Busca la oportunidad de hacer un retiro para profundizar en tu práctica.
- Practicar la gratitud.
- Identifica momentos vivificantes y enaltecedores de "resonancia positiva".
- Enriquece tu vida social, con quien conectas y sintonizas más.

ALGUNOS LIBROS PARA LEER

Estos son algunos libros muy relacionados con lo que hemos hecho durante este curso, los cuales tal vez te interesen consultar:

- *Amor 2.0: Una nueva mirada a la emoción que determina lo que sentimos, pensamos, hacemos y somos.* Barbara Fredrickson, Editorial Océano, 2015.
- *Amor incondicional: Diálogo del Buda sobre el Karaniya Metta Sutta.* Sangharákshita, Editorial Asociación Triratna, 2011.

- *Tú no eres tu dolor: Mindfulness para aliviar el dolor, reducir el estrés y recuperar tu bienestar.* Vidyamala Burch, Editorial Kairós, 2016.
- *Vivir con atención plena*. Maitreyabandhu, Editorial Siglantana, 2017.
- *El cerebro de Buda: La neurociencia de la felicidad, el amor y la sabiduría*. Rick Hanson, Editorial Milrazones, 2011.
- *El corazón del mindfulness: La conciencia amable.* Vicente Simón, Editorial Sello, 2015
- *No se trata de ser bueno.* Subhadramati, Windhorse Publications, 2013.
- *El viaje y la guía*. Maitreyabandhu. Editorial Siglantana, 2020.
- *El arte de la reflexión: Mindfulness y sabiduría*. Gary Hennesey (Ratnaguna), Editorial Siglantana, 2017.

Vamos a concluir este libro con este bello poema:

Yo quiero preguntarte:
¿Cuál es la cosa más profunda y maravillosa de este mundo?
Siéntate erguido y medita hasta el final.
Cuando lo hagas, descubrirás un indicio
y todo quedará naturalmente claro.
Mantén la concentración,
no pierdas esta oportunidad
y, al cabo de un rato, tu mente quedará limpia
y serás sabio.
Entonces ya no tendrás que seguir engañándote.
Maestro Zen Ryokan

REFERENCIAS BIBLIOGRÁFICAS

Analayo (2017) *Satipatthana: los orígenes de mindfulness.* Barcelona: Editorial Siglantana

Analayo (2019) *Meditación Satipatthana: Una guía práctica.* Bilbao, Desclée De Brouwer

BAMBA, British Association of Mindfulness Based Approaches, ex-UK Network for Mindfulness-Based Teacher Training (2008) *Guidelines for mindfulness teacher training.* Consultado 19 febrero 2020 https://bamba.org.uk/teachers/good-practice-guidelines/

Bodhipaksa (2018) *Aprende a Meditar.* Barcelona: Editorial Siglantana

BreathWorks Research Team (2018) *Overview of the Findings from our BreathWorks Mindfulness for Stress Programme.* Consultado: 3 enero 2020 https://drive.google.com/file/d/1v2jglfHxF_sSJAdE46K0kB089PmTKx6w/view?usp=sharing

Brewer, J. A. *et al.* (2011) *Meditation experience is associated with differences in default mode network activity and connectivity.* PNAS December 13, 2011 108 (50) 20254-20259; https://doi.org/10.1073/pnas.1112029108

Burch, V. (2014) *Vivir bien con el dolor y la enfermedad: Mindfulness para liberarnos del sufrimiento.* Barcelona: Editorial Kairós.

Burch, V. (2016b) *Meditation and the management of pain, The Psychology of Meditation: Research and Practice.* Oxford University Press; VII: 153-76.

Burch, V. y Penman, D. (2016) *Tú no eres tu dolor.* Barcelona: Editorial Kairós

Corominas M., Roncero C., Bruguera, E. y Casas M. (2007). *Sistema dopaminérgico y adicciones.* Revista de Neurología; 44: 23-31

Crane, R., Soulsby, J., Kuyken, W., Williams, M. & Eames, C. (2012) *MBI:-TAC Mindfulness-Based Interventions Teaching Assessment Criteria.* Consultado: 1 marzo 2019 https://www.bangor.ac.uk/mindfulness/MBITAC.php.en

Dragonetti, C. (1967) *Dhammapada. La esencia de la sabiduría budista.* Buenos Aires, Editorial Sudamericana

Emmons, R. A. and McCullough, D. M. (2003) *Counting Blessings Versus Burdens: An Experimental Investigation of Gratitude and Subjective Well-Being in Daily Life.* Journal of Personality and Social Psychology, Vol. 84, No. 2, DOI: 10.1037/0022-3514.84.2.377

Farhi, D. (1998) *El gran libro de la respiración.* Editorial Robinbook.

Fredrickson, B. L. (2001). *The role of positive emotions in positive psychology: The broaden-and-build theory of positive emotions.* American Psychologist, 56(3), 218–226. https://doi.org/10.1037/0003-066X.56.3.218

Fredrickson, B. L. (2015). *Amor 2.0 Una nueva mirada a la emoción que determina lo que sentimos, pensamos, hacemos y somos.* México, Editorial Océano.

Fredrickson, B. L., *et al.* (2008). *Open Hearts Build Lives: Positive Emotions, Induced Through Loving-Kindness Meditation, Build Consequential Personal Resources.* J Pers Soc Psychol., doi: 10.1037/a0013262

García Campayo J. y Demarzo, M. (2018) *¿Qué sabemos de mindfulness?.* Barcelona, Editorial Kairos.

Germer, C. (2011) *El poder del mindfulness: liberate de los pensamientos y las emociones destructivas con la atención plena.* Barcelona, Editorial Paidós.

Gilbert, P. (2018) *La mente compasiva. Una nueva forma de enfrentarse a los desafíos vitales* (p. 56). Sitges, Barcelona: Editorial Eleftheria.

Hanson, R. (2010) *El cerebro del buda*

Hanson, R. (2013). *Una sola cosa: Sencillos ejercicios para desarrollar un cerebro de buda.* Editorial Sirio.

Hanson, R. (2013). *Cultiva la felicidad. Aprende a remodelar tu cerebro … Y tu vida.* Editorial Sirio.

Hanson, R. y Mendius, R. (2011). *El cerebro de buda: la neurociencia de la felicidad, el amor y la sabiduría.* Editorial Milrazones.

Hebb, D.O. (1949). *The Organization of Behavior.* New York, Wiley, ed.

Hennessey, G. (2016) *The little Mindfulness Workbook: Everyday techniques to help you combat stress and enhance your life.* United Kingdom, Crimson.

Hölzel, B. K. , Carmody, J. *et al.* (2010) *Stress reduction correlates with structural changes in the amygdala.* Published in Social cognitive Psychology, Medicine. DOI:10.1093/scan/nsp034Corpus ID: 13949030

Kabat Zinn, J. (2003) *Vivir con plenitud las crisis.* Barcelona: Editorial Kairós.

Kamalashila (1992) *Buddhist Meditation. Traquility, imagination and insigth.* Birmingham, Windhorse Publications.

Maitreyabandhu (2016) *Vivir con atención plena.* Barcelona: Editorial Siglantana

MBPM-TAC (2016) *Modelo de competencias y evaluación docente del itinerario formativo para profesor de mindfulness y compasión MBPM.* http://www.redprogramasmindfulness.org/wp-content/uploads/2020/01/MBPM-TAC-2020.pdf Recuperado en marzo 2019.

McCullough, D. M., *et al.* (2001) *Has Gratitude a Moral Affect?* Psychological Bulletin by APA. Vol. 127, No. 2, 249-266. DOI: 10.1037//0033-2909.127.2.249

Neff, K. (2012) *Sé amable contigo mismo.* Barcelona: Editorial Oniro

Pizutti, L. T., Carissimi, A. Valdivia, L. J., *et al.*. (2019) *Evaluation of BreathWorks' Mindfulness for Stress 8_week course: Effects on depressive symptoms, psychiatric symptoms, affects, self_compassion, and mindfulness facets in Brazilian health professionals.* Journal of Clinical Psychology 2019;1-15. doi: 10.1002/jclp.22749

Red Española de Programas Estandarizados de Mindfulness y Compassion (2019). Consultado 24 Mayo 2019 http://redprogramasmindfulness.org

RespiraVida BreathWorks (2015a) *Notas del profesor del programa Mindfulness para el estrés MBPM de RespiraVida BreathWorks.* Inedito.

RespiraVida BreathWorks (2015b) *Manual de tareas del programa Mindfulness para el estrés MBPM de RespiraVida BreathWorks.* Inédito.

RespiraVida BreathWorks (2015c) *Manual del estudiante de profesor MBPM.* Inédito

RespiraVida BreathWorks (2015d) *Estándares de calidad de los cursos MpS y MpE MBPM.* Consultado 3 marzo 2020 https://www.respiravida.net/formacion/est%C3%A1ndares-de-calidad-de-los-cursos-mindfulness-para-la-salud-y-mindfulness-para-el-estr%C3%A9s

Rosemberg, M. (2006) *Comunicación no violenta: un lenguaje de vida.* Buenos Aires. Editorial Gran Aldea.

Salberg, S. (1997) *Amor incondicional. La vía budista de las residencias celestiales que cambiará su vida.* Madrid: Editorial EDAF.

Sánchez Segura, M., González García, R. M., Cos Padrón, Y., & Macías Abraham, C. (2007). *Estrés y sistema inmune.* Revista Cubana de Hematología, Inmunología y Hemoterapia, 23(2) Recuperado en 19 de marzo de 2020, de http://scielo.sld.cu/scielo.php?script=sci_arttext&pid=S0864-02892007000200001&lng=es&tlng=es.

Sangharákshita (1997) *Visión y transformación.* Valencia, Editorial Asociación Budista Triratna: http://www.librosbudistas.com/libro/cambia-mente

Sangharákshita (2014) *Living with Kindness.* Cambridge, Windhorse Publications.

Sangharákshita U. (2020) *Amor incondicional: Dialogo del Buda sobre el Karaniya Metta Sutta.* Barcelona, Editorial Siglantana.

Sasmita AO, Kuruvilla J, Ling AP (2018). *"Harnessing neuroplasticity: modern approaches and clinical future". The International Journal of Neuroscience.* 128 (11): 1061–1077. doi:10.1080/00207454.2018.1466781. PMID 29667473

Segal, Z. V.; Williams, M. G. y Teasdale, J. D. (2006) *Terapia cognitiva basada en el mindfulness para la depresión.* Bilbao, Editorial Desclee de Brower.

Seligman, Martin E.P. (2016) *Florecer. La nueva psicología positiva y la búsqueda del bienestar.* México. Editorial Oceano.

Seppala, E. (2014) *18 science-based reasons to try loving-kindness meditation today.* https://emmaseppala.com/18-science-based-reasons-try-loving-kindness-meditation-today/

Simón, V. (2015) *El corazón de mindfulness: la conciencia amable.* Barcelona, Editorial Sello.

Subhadramati (2013) *No se trata de ser bueno. Una guía práctica hacia la ética budista.* Reino Unido, Windhorse Publications.

Vázquez C, Hervás G, Rahona JJ, y Gómez D (2009) *Bienestar psicológico y salud: Aportaciones desde la Psicología Positiva.* Anuario de Psicología Clínica y de la Salud / Annuary of Clinical And Health Psychology, 5: 15-28

Williams, M. (2017) *Mindfulness and Psychological Process.* Emotion, 2010, Vol. 10, No. 1, 1-7.

Williams, M. and Penman, D. (2011) *Mindfulness: an eight-week plan for finding peace in a frantic world.* New York, Rodale.

Zeidan F., *et al.* (2018) *Neural mechanisms supporting the relationship between dispositional mindfulness and pain.* Pain. July 12, 2018. *Epub ahead of print.*

Zuazquita, D. (2019) *Revisión narrativa de las publicaciones de investigación de la literatura científica relacionadas con el programa Mindfulness para la Salud MBPM de RespiraVida BreathWorks.* Zaragoza. TFM Master en mindfulness - Universidad de Zaragoza.

ANEXO I

PROGRAMA MINDFULNESS Y COMPASIÓN PARA EL ESTRÉS MBPM RESPIRAVIDA BREATHWORKS

Este libro es la base del programa "Mindfulness y compasión para el estrés MBPM". Tiene una duración de ocho semanas (equivale aproximadamente a cada capítulo de este libro[14]) y una sesión extra de práctica meditación y silencio. Es un programa secular, psico-educativo grupal, con estándares de calidad que se fundamenta con evidencias científicas y prácticas de la tradición contemplativa.

Se basa en el programa MBSR creado por el Dr. Jon Kabat-Zinn de la Universidad Massachusetts, contiene elementos claves del programa MBCT (Segal, 2017). Con respecto al programa "Mindfulness y compasión para la salud MBPM" (Burch, 2016) comparte los mismos estándares de calidad, tales como número, duración y estructura de la clase, incluye prácticas de meditación formal e informal, movimientos conscientes, debates e indagación guiados por el profesor, prácticas y ejercicios diarios para hacer en casa.

A partir de la segunda mitad del curso y siendo sensible a las implicaciones de enseñar mindfulness fuera del marco ético original en el que se originó, se pone énfasis en el desarrollo de las emociones positivas y éticas provenientes de la tradición contemplativa budista como la amabilidad, la compasión, la alegría empática de la tradición contemplativa y cualidades que promueven el desarrollo y florecimiento humano.

El programa "Mindfulness y compasión para estrés MBPM" ha sido sometido a estudios de investigación que han podido medir a través de la metodología científica los efectos de su aplicación. En un estudio cuasi-experimental reciente, se concluye que la aplicación del programa MBPM sobre un grupo de profesionales de la salud en un hospital de Brasil: "Disminuye los síntomas psiquiátricos y los afectos negativos (ansiedad, depresión, etc.), incrementa los afectos positivos, y un importante aumento de la auto-compasión" (Pizzuti, 2019).

SU ESTRUCTURA SEMANA A SEMANA: TEMA, CONCEPTO CLAVE, PRÁCTICAS FORMAL E INFORMAL Y DISTRIBUCIÓN DE LO 6 PASOS

	Tema	Concepto Clave	Práctica de Meditación	Mindfulness en acción	El proceso de los 6 pasos
Semana 1	Aprendiendo a elegir	1) ¿Qué es mindfulness 2) Piloto Automático 3) Experiencia Primaria y Secundaria 4) Aprender a elegir	El escaneo del cuerpo	Actividad cotidiana con mindfulness	**Paso 1:** La conciencia es posible *(Aprender a prestar atención, no-reactiva a la experiencia interna y externa)*
Semana 2	Volviendo a los sentidos	5) Modos Ser y Hacer. 6) Modos perceptual-sensorial y conceptual de la mente 7) Obstáculos de la práctica 8) El rol de la respiración	Mindfulness de la respiración	Haz algunas cosas más lentamente de lo habitual	
Semana 3	Vivir y moverse con mindfulness	9) Meditación en movimiento. 10) Los pensamientos no son (necesariamente) los hechos 11) Los 6 pasos para la ecuanimidad	1. Gestión de los pensamientos 2. Movimientos conscientes I 3. Pausa mindfulness en 3 pasos	Toma un descanso	

Semana 4	Acercarse a lo desagradable	12) Gestionar pensamientos "cargados". 13) Gestionar las experiencias difíciles con aceptación y amabilidad. 14) La paradoja de mindfulness	1.Gestión de pensamientos cargados, 2.Estar experiencia no deseada	Acepta una experiencia difícil	**Paso 2:** Acercarse a lo desagradable *(Aceptación y auto-compasión)*
Semana 5	Siéntate. Celebra la vida	15) Equilibrar el sesgo hacia lo negativo 14) Observar las experiencias positivas y placenteras de nuestra vida	1. Movimientos conscientes II y 2. Escaneo del cuerpo notando lo placentero	Recibir lo bueno	**Paso 3:** Ir al encuentro de lo agradable *(Apreciación y curiosidad)*
Semana 6	Kindfulness: La bondad amorosa	16) Kindfulness: la conciencia amable 17) Tres sistemas emocionales 18) La amabilidad hacia uno mismo 19) Amabilidad hacia uno mismo versus auto-crítica 20) Conciencia del entorno - perspectiva	Amabilidad hacia uno mismo	Pasar un tiempo en el círculo verde	**Paso 4:** Un recipiente más grande *(Perspectiva y ecuanimidad)*
Semana 7	La dimensión social y altruista	19) Conciencia de otras personas 21) Ampliando el círculo de Kindfulness 22) Reflexiona sobre tus redes sociales y resonancia positiva 23) El Embudo del Agotamiento	Amabilidad hacia uno mismo, la persona amiga, neutra, difícil y todos los seres.	Reflexiona sobre tus interacciones sociales	**Paso 5:** Conexión *(Humanidad compartida)*
Semana 8	Una espiral + para florecer	24) Del embudo del agotamiento a la espiral de florecimiento 25) Elegir Responder en vez de Reaccionar 26) Practicar la gratitud. 27) El resto de tu vida	La amabilidad - kindfulness andando	Una pausa de gratitud	**Paso 6:** La elección *(Responder y no reaccionar)*

ANEXO II

AUDIOS DE PRÁCTICAS GUIADAS DEL PROGRAMA "MINDFULNESS Y COMPASIÓN PARA EL ÉSTRES MBPM"

MEDITACIÓN	DURACIÓN	PÁGINA
Exploración 1: bebiendo una taza de té	4 '	28
Exploración 2: Ser consciente de una parte de tu cuerpo	3 '	33
Exploración 3: Explorando la respiración	8 '	63
Meditación 1a: Escaneo del cuerpo versión breve	8 '	43
Meditación 1b: Escaneo del cuerpo versión larga	14 '	43
Meditación 2a: Mindfulness de la respiración versión larga	10 '	76
Meditación 2b: Mindfulness de la respiración versión breve	5 '	76

Meditación 11: Amabilidad hacia todos los seres - La conciencia amable versión completa con 5 etapas	27 '	178
Meditación 12: Pausa de gratitud	7 '	200
Meditación 13: Kindfulness andando	15 '	202

En el siguiente enlace puedes encontrar los audios:
https://www.respiravida.net/Audios-libro-mindfulness-kindfulness-estres

MINDFULNESS EN ACCIÓN: PRÁCTICA INFORMAL DE CADA SEMANA

Semana 1	Mindfulness en acción 1: Realizar una actividad con mindfulness
Semana 2	Mindfulness en acción 2: Hacer algunas cosas más lentamente de lo habitual
Semana 3	Mindfulness en acción 3: Tomar una pausa
Semana 4	Mindfulness en acción 4: Aceptar una experiencia difícil
Semana 5	Mindfulness en acción 5: Recibir lo bueno

Semana 6	Mindfulness en acción 6: Pasar un tiempo en el círculo verde
Semana 7	Mindfulness en acción 7: Reflexionar sobre tus interacciones sociales
Semana 8	Mindfulness en acción 8: Practicar la gratitud

ANEXO III

SOBRE LA PEDAGOGÍA, DIDÁCTICA Y DOCENCIA DEL PROGRAMA

Dura 8 semanas y cada clase de 2 1/2 tiene los siguientes elementos:

1. Practicar de la meditación.
2. Compartir como la practicas durante la semana (fortalezas y dificultades).
3. Recapitulación.
4. Descanso de 15 minutos.
5. Presentar el tema y conceptos claves de la semana
   a. A través representaciones vivenciales, didácticas e interactivas.
   b. Práctica de meditación en relación con el tema la semana y/o secuencia de movimientos conscientes.
   c. Indagación sobre la experiencia de la práctica, su relación con patrones de la vida cotidiana y/o relación con conceptos claves.
6. Presentar las prácticas y tareas para la semana.

Al final de las ocho semanas, a las siguientes dos, tres o cuatro semanas, se ofrece una sesión extra para practicar y profundizar. Esencialmente esta sesión se realiza con una duración mínima de dos horas y media, y un máximo de seis horas. Esencialmente es una sesión que lleva cabo practicando el silencio y se practican las meditaciones del curso, con un espacio para compartir la experiencia de continuar practicando después del curso.

Toda la metodología se hace en base al modelo de competencias docentes MBPM-TAC (2016).

SENSIBILIDAD AL TRAUMA Y POTENCIALES EFECTOS ADVERSOS DE LA PRÁCTICA DE KINDFULNESS

Cultivar la amabilidad y utilizar frases compasivas hacia nosotros mismos puede hacernos tropezar con sentimientos difíciles o experiencia traumática pasadas que están almacenadas o dormidas en nuestra memoria emocional. Si bien el objetivo de kindfulness no es tener experiencias placenteras (aunque cuando ocurren son bienvenidas), cuando practicamos la atención consciente o la conciencia amable, al igual que sucede con intervenciones bien establecidas en el campo de la salud, como la psicoterapia o el deporte, pueden emerger sentimientos incómodos e incluso dolorosos.

Un grupo de investigadores establecieron que hay tres factores que interrelacionados que pueden contribuir a una práctica no segura o que puede producir daño de mindfulness: factores relacionados con la intensidad de la práctica, factores relacionados con la vulnerabilidad del participante y factores relacionado con el profesor y las instrucciones o el programa (Baer *et al.*, 2019).

La práctica de la Kindfulness es por naturaleza invitacional y empírica. También es cierto que puede ser incómoda, desagradable y desafiante y a la vez no causar daño. Si bien es posible que surjan efectos adversos; estos suelen ser de baja intensidad y poco frecuente. Por esta razón es aconsejable practicar dentro del contexto de un grupo facilitado por alguien que acredite una experiencia sedimentada en la práctica, alguien que ha recibido una formación adecuada como un profesor de mindfulness y/o compasión y recibe a su vez supervisión. Es recomendable realizar una entrevista previa (hacer un screening o filtro) con el participante/paciente para conocer estado de salud físico y mental.

Resulta importante reconocer estas reacciones adversas y aprender a gestionarlas ya que de lo contrario pueden generar resistencia hacia la práctica de la meditación. El efecto adverso "*backdraft* o contracorriente" (Neff, 2013), es una metáfora de lo que sucede a un bombero cuando tiene la intención de apagar el fuego, por ejemplo, de una habitación que está completamente cerrada, al abrir la puerta la súbita entrada de oxígeno no hace más que reavivar el fuego.

Algunas orientaciones básicas y sencillas para gestionar algunos efectos adversos pueden consistir, por ejemplo, en ampliar el circulo de la atención (incluyendo sonidos y otras sensaciones presentes), redirigir la atención al cuerpo, la respiración, o desplazar el foco de la atención amable hacia otro ser (un amigo/a o una mascota). Por último, otra opción es la de dejar de meditar y realizar una actividad reconfortante que involucre el cuerpo (tomar una infusión, caminar en un parque, etc.).

ITINERARIO FORMATIVO PARA SER PROFESOR DE KINDFULNESS

Para ofrecer el programa "Mindfulness y Compasión para el Estrés" basado en este libro se ofrecen dos itinerarios formativos, uno para los que ya son profesores de certificados de RespiraVida BreathWork y otro itinerario para profesores de otros programas.

En el primer caso se requiere ser primero un profesor certificado en el modelo "Mindfulness y Compasión para la Salud MBPM" para posteriormente poder acceder a la titulación de Profesor de Kindfulness a través de una especialización online de capacitación docente para ofrecer el programa "Mindfulness y compasión para Estrés MBPM".

PROFESOR de KINDFULNESS - Itinerario formativo para profesores certificados de RespiraVida BreathWorks

En el caso que ya seas profesor de otro programa (MSC, MBCT, MBSR, etc.), diplomados, masters o expertos, puedes acceder a la titulación de Profesor de Kindfulness, en primer lugar, realizando workshop online de preparación (K1), luego llevar a cabo un retiro presencial de capacitación docente de 5 días (K2) y finalmente llevar a cabo un curso de prácticas supervisado por un mentor (K3).

PROFESOR de KINDFULNESS - Itinerário de formativo para profesores de otros programas, masters o expertos

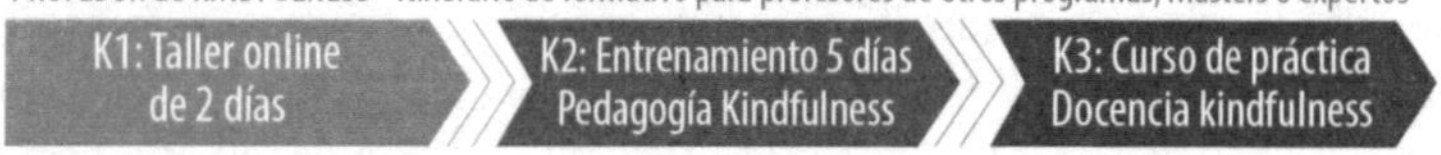

Todo el itinerario formativo se ajusta a las directrices de la "British Association of Mindfulness Based Approaches – BAMBA (BAMBA, 2006) y de la "Red Española de programas estandarizados de mindfulness y compasión (Red Española, 2019).

En ambas reconocidas instituciones RespiraVida BreathWorks es miembro co-fundador junto con las Universidades de Bangor, Oxford y otros prestigiosos programas reconocidos internacionalmente y con base en la evidencia científica (MBSR, MBCT, MSC).

Las entidades mencionadas a su vez siguen las recomendaciones y los estándares internaciones de la Global Integrity Network, y de EAMBA, la European Association of Mindfulness Based Approaches (La Asociación RespiraVida BreathWorks es miembro afiliado de esta última).

El proyecto de RespiraVida BreathWorks comenzó en el año 2007, tiene su sede en Valencia, España y desde en el año 2012 se constituyo como una asociación sin fines de lucrativos para difundir los programas "Midnfulness y compasión para la salud MBPM" y "Mindfulness y compasión para el estrés MBPM" en Iberoamérica (en español y portugués).

ANEXO IV

INVESTIGACIÓN CIENTÍFICA SOBRE EL PROGRAMA MINDFULNESS Y COMPASIÓN PARA EL ESTRÉS MBPM RESPIRAVIDA BREATHWORKS

El programa fue evaluado a través de un estudio cuasi experimental con profesionales de la salud que trabajan en atención primaria en la ciudad de Porto Alegre – RS – Brasil (Pizutti, 2019), quienes fueron divididos en tres grupos: lista de espera, control activo y grupo de Mindfulness para el Estrés (MpE) MBPM. Los participantes fueron evaluados antes de comenzar y después del final de la intervención de 8 semanas, utilizando cuestionarios estandarizados que midieron las 5 facetas de mindfulness (observar, describir, actuar dándose cuenta, no juzgar la experiencia interna y no reactividad sobre la experiencia interna), autocompasión, afectos positivos y negativos, síntomas psiquiátricos generales y síntomas depresivos específicamente.

El control activo utilizó técnicas de relajación derivadas de la terapia cognitivo-conductual, que ya ha demostrado su utilidad en otros estudios. Todos los participantes fueron trabajadores en actividad y participaron de la encuesta durante su jornada laboral, comprometiéndose con las actividades propuestas en los grupos activos.

Los resultados obtenidos fueron muy alentadores, con una reducción significativamente mayor de los síntomas depresivos y psiquiátricos generales (como dormir mal, sentirse tenso o preocupado, o tener sensaciones desagradables en el estómago, en los últimos 30 días) en el grupo MpE en comparación con los otros grupos, reducción de los afectos negativos, aumento de la autocompasión, aumento de las dimensiones de mindfulness de observar, no juzgar y no reactividad. Es importante tener en cuenta que los participantes en esta investigación no tenían un diagnóstico, como trastorno depresivo mayor o trastornos de ansiedad, pero informaron al inicio de la investigación la presencia de síntomas a niveles leves, los cuales mejoraron cuando participaron en los grupos de mindfulness. La reducción de los síntomas depresivos fue del 76,7% y de los síntomas psiquiátricos en general fue del 72% en comparación con el valor inicial.

Al observar los pensamientos con una conciencia sin juzgamientos, el participante puede optar por continuar el diálogo con esos pensamientos o dejarlos ir (utilizando la respiración como una forma de recuperar la atención, por ejemplo). Así, es posible reducir la rumiación de eventos pasados o la anticipación de eventos futuros, tanto fuentes de afectos negativos como de síntomas psiquiátricos generales y depresión en particular.

También se propone cultivar la aceptación de las experiencias que están presentes, una actitud de observación sin involucrarse excesivamente (rumiación o sobreidentificación) o insuficientemente (evitación) para el flujo continuo de experiencias internas o externas. Con este cultivo es posible reducir las experiencias secundarias que pueden ser fuente de sufrimiento, mejorando la capacidad de regulación emocional y permitiendo un mejor ajuste psicológico a las experiencias vividas. También desde la aceptación se vislumbra qué elementos se pueden modificar, y cuáles son las acciones más efectivas para acercarse al objetivo esperado.

Después de participar en el programa, los escores de autocompasión aumentaron significativamente en comparación con los otros dos grupos. Varios estudios han encontrado asociaciones inversas significativas entre la autocompasión y la ansiedad, la depresión y varias otras emociones negativas, es decir, cuanto mayor es la autocompasión, menor es la presencia de síntomas. Cultivar la autocompasión por parte de los profesionales de la salud también puede ser de apoyo cuando se enfrentan a las limitaciones inherentes del trabajo y ayudarlos a lidiar con sus reacciones de una manera que también les permita estar más conectados con los pacientes a través de la humanidad compartida.

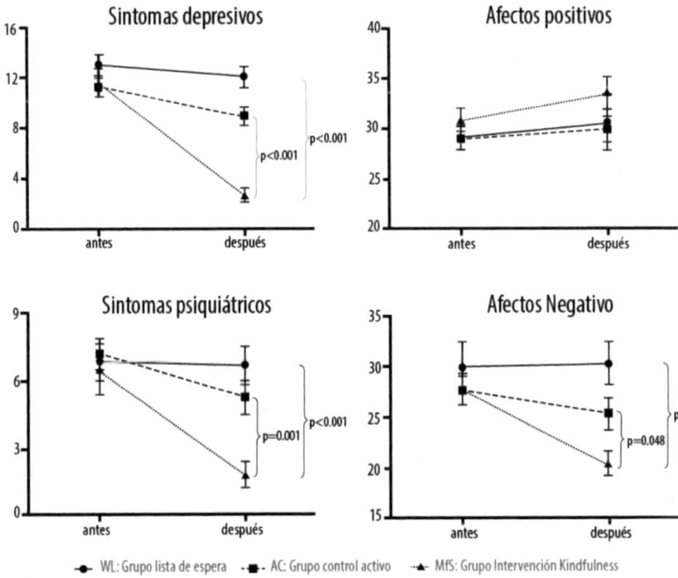

Pizutti, et al. Evaluation of Breathworks' Mindfulness for Stress 8-week course: Effects on depressive symptoms, psychiatric symptoms, affects, self-compassion, and mindfulness facets in Brazilian health professionals. Journal of Clinical Psychology 2019;1–15. doi: 10.1002/jclp.22749

Una de las diferencias en relación con el Programa de Reducción del Estrés basado en Mindfulness (MBSR) es la presencia del cultivo de la amabilidad como una característica que impregna todo el programa, que se incluye en todas las prácticas meditativas y en muchos de los conceptos clave presentados durante las 8 semanas. En su desarrollo se tuvo en cuenta una preocupación inherente a la secularización de cualquier conjunto de prácticas que se desarrollaran en un contexto budista, que es mantener el sentido ético en las actividades propuestas. Esta dirección permite cultivar una conciencia sensible al contexto en el que se inserta el participante, fomentando la motivación para cuidarse mejor a sí mismo y a las personas con las que interactúa, como mecanismo de cambio y superación personal que produce los resultados propuestos.

OTROS RECURSOS PARA PRACTICAR MINDFULNESS Y COMPASIÓN

RETIROS

La asistencia a un retiro presencial es una forma muy adecuada de integrar y consolidar el aprendizaje y la práctica en condiciones de apoyo con personas con muchos años de experiencia y conocimiento en el tema. Son muchos los centros de retiro distribuidos en muchos países que ofrecen un amplio abanico de posibilidades. Los lectores interesados encontrarán más información en las siguientes páginas de la Comunidad Budista Triratna Internacional:

EN ESPAÑA:

- www.suryavana.es: Centro de retiros Triratna en Jérica, Valencia
- www.budismo-valencia.com: Comunidad Budista Triratna Valencia
- www.budismo-barcelona.com: Comunidad Budista Triratna Barcelona
- www.thebuddhistcentre.com/madrid: Comunidad Budista Triratna Madrid
- www.ecodharma.com: Centro de retiros en los Pirineos Catalanes

- www.guhyaloka.com: Centro de retiros en Sierra de Aitana, Alicante
- www.akashavana.org: Centro de retiros en la región de Aragón
- www.respiravida.net: RespiraVida BreathWorks Internacional, provee formación profesional en "Mindfulness y compasión para la salud – MBPM" en formato online y presencial.
- www.bodhiyoga.es: Bodhiyoga - Yoga basado en el mindfulness

EN MÉXICO:

- www.budismo.com: Comunidad Budista Triratna Ciudad de México
- www.budismotoluca.com: Comunidad Budista Triratana, Toluca
- www.budismocuernavaca.org: Comunidad Budista Triratna Cuernavaca

EN VENEZUELA:

- www.meditacion-merida.com: Comunidad Budista Triratna en Mérida

OTROS RECURSOS ONLINE:

- www.centrobudista.online: Cursos online sobre budismo
- www.librosbudistas.com: Recursos y libros budistas y la meditación
- www.librosdebudismo.com: Dharmamegha, libros budistas digitales
- www.freebuddhistaudio.com: Audios Budistas Gratis: conferencias

NOTAS

1. Se hace referencia al programa "Mindfulness y compasión para el estrés MBPM" de RespiraVida BreathWorks (ver anexo I).
2. Ver listado completo de estas micro-actividades "Mindfulness en acción" en el anexo II.
3. Ver listado completo de los audios de las meditaciones de este libro en el anexo II.
4. Fragmento del poema "Hokusai dice" de Roger Keyes.
5. Las palabras "mindfulness", "atención plena" y "Atención consciente" son usadas a lo largo del libro como sinónimos.
6. Canción de Bobby McFerrin, llamada "Don´t worry be happy"
7. Maestro tibetano del siglo XIV.
8. Los tres puntos al final de la oración indican que han una breve pausa entre esta oración y la siguiente.
9. Maestro de meditación de la Orden Budista Triratna.
10. Los seis pasos constituyen una herramienta didáctica esencial en el programa MBPM creado por Vidyamala Burch. Esta es una versión ligeramente adaptada para este libro.
11. Fragmento del poema "Hokusai dice" de Roger Keyes.
12. Fragmento del poema "A un noble de Kioto".
13. A veces esta apropiado decir directamente el nombre de la persona en cuestión.
14. Es importante recalcar que este libro es un material de apoyo del curso. El contenido y los tiempos específicos y detallados de cada sesión está precisamente definidos y recogidos en el "Manual notas del profesor" (RespiraVida 2015c), del programa "Mindfulness y compasión para el estrés MBPM".